初中級からはじめる
日本語
プロジェクト・ワーク

幸松英恵・渡辺陽子［著］

音声・ワークシート
ダウンロード
**Download Audio Files
and Worksheets**

英語・
中国語・ベトナム語
翻訳付き
**With English, Chinese &
Vietnamese Translations**

Kurosio
くろしお出版

Intermediate Japanese Workbook:
Prep, Projects & Presentations

©Hanae YUKIMATSU and Yoko WATANABE

First published 2023

Kurosio Publishers
4-3, Nibancho, Chiyoda-ku, Tokyo 102-0084, Japan

ISBN 978-4-87424-939-0
Printed in Japan

はじめに

　本書は、東京外国語大学の「基礎日本語プログラム」の中級前半クラスのために作成したものです。4年間の試用と修正、加筆を経て、この度の刊行に至りました。プロジェクト・ワークの実践を通して、初級を終えた学習者の日本語運用能力を伸ばすことをねらったテキストです。

　初級を終えた学習者の中には「初級レベルの語彙や文法の知識を持っているけれども使いこなせない」というケースが見られます。実際に使えるようになるには、自分の言葉（文型練習やロールプレイではない、自分が何かを伝達したいと思って発話する言葉）で話してみて、時には修正を受けながら、適切に使えるようになるまで練習しなければいけません。しかし、初級から中級前半のレベルでは、まだその実践の機会が足りないためでしょう。

　言語知識が運用レベルまで行っていないうちに先を急いでしまうと、初級レベルの誤用がそのまま残ってしまうこともあります。そして本格的な中級に入ると、覚えなければいけない語彙や文型の数が多くなり、読解などのレベルも上がっていきます。難しい文章を読み、新出語句や文型をひたすら暗記し続けるような授業を受け続けていると、だんだん日本語学習そのものへのモチベーションが低くなってしまうかもしれません。

　私たちは、こうした問題を解決したいという思いで本書を開発しました。プロジェクト・ワークのゴールを「プレゼンテーション」にすることで、テーマに関わる語彙や発表で使える文型を使ってスクリプトやパワーポイントを作成し、口頭で発表練習をするうちに、語彙や文型が少しでも定着することをねらっています。「使う」ことにフォーカスを置きながらも、テーマを与えて「自由に話してください」ではなく、このレベルだからこそ必要なサポートを手厚くして、「初級終了レベルには少し難しいのではないか」と思われそうなテーマでプロジェクト・ワークが行えるように工夫しました。テーマに関わる語彙を導入し、いくつかの活動を通して背景知識を活性化させながら、日本について学べる読み物を読んで、議論につなげます。プレゼンテーションの準備をするための枠組みをきちんと提示しているので、自分たちが考えたキーワードを当てはめれば、ある程度の形が整うようになっています。

　プロジェクト・ワークを成功させるという目的意識を持たせることで、日本の社会や文化について、そして日本語そのものについて、学習者が主体的に、深く、学べるようにと願っています。ワイワイと楽しみながら学び、「日本語を使って、こんなこともできた！」という達成感を得て、その喜びを、これから本格的に中上級を目指すモチベーションに変えていってほしいと思っています。

2023 年 3 月

幸松英恵・渡辺陽子

WEB サイト　https://www.9640.jp/books_939/

■ 音声ファイル 🔊　　　■ ワークシート・ふりかえりシート
　おんせい

■ 解答（読み物の設問など）　　■ ［表現］の日本語説明・練習問題・解答
　かいとう　もの　せつもん　　　　　ひょうげん　　にほんご せつめい　れんしゅうもんだい　かいとう

■ プロジェクト・ワークのための Tips 集　　■ 教師用手引き
　　　　　　　　　　　　　　　　しゅう　　　　　　きょうし よう て び

本書の特徴と使い方

本書の特徴

- 社会的・文化的なテーマ（住まい、文化、食、防災、教育、環境）について、個人やグループでプレゼンテーションができるようになる
- 語彙、読解、文法、作文、口頭表現といった技能を伸ばしつつ、日本文化や日本事情についても学ぶことができる
- プロジェクト・ワーク完成までの丁寧なステップ、語彙や文型説明への翻訳（英語・中国語・ベトナム語）などがあり、初級終了段階の学習者でも無理なく取り組める
- タスクベースの日本語教育を重視する総合クラスのほか、会話・口頭表現クラス、アクティブ・ラーニング型、もしくは課題探究型の日本文化・日本事情クラス、短期研修などでも使用できる

対象者

- 初級日本語の勉強を終えて中級段階の勉強を進めている学習者
- 語彙力、文法力、読解力を身につけながらアウトプットする力を伸ばしたいと思っている学習者

本書の構成

　本書は6つの課から構成されています。学習者にとって身近なテーマや、日本で生活するのに必要なテーマから、抽象的なテーマへと進んでいきます。それにしたがって、タスクの難易度も簡単なものから難しいものになっていきます。ただし、それぞれの課でタスクが完結しているので、順番通りに進める必要はなく、興味のあるテーマから始めることもできます。

	タイトル	プロジェクト・ワーク	文型
Lesson 1	アニメから日本の生活を見てみよう	自分が住んでいる国や地域に見られる家、生活を描写し、日本との違いを見つけて発表する	描写・比較
Lesson 2	日本の伝統文化にふれよう	体験したい日本の伝統文化を選び、その体験イベントを計画して発表する	可能・条件
Lesson 3	いろいろな食文化を知ろう	様々な食文化を紹介し、その食文化の人が日本で食事をするときに注意することを発表する	禁止・注意
Lesson 4	地震から身を守ろう	地震が起こった場合にどうすればいいかを考え、防災ビデオを作って発表する	命令・禁止
Lesson 5	教育を考えよう	日本の教育の問題を知り、自己肯定感を高める教育とはどのようなものかを考えて発表する	提案・予想
Lesson 6	リサイクルを考えよう	より良いリサイクルにはどのようなものがあるかアイデアを出して発表する	提案・義務

テーマに関わる語彙は初級終了以上のレベルのものが出てくることもありますが、本書ではプロジェクト・ワーク遂行のために必要な語彙に関しては使用を制限していません。

> **語彙訳について**：日本語能力試験 N3 以上の語彙を中心に外国語訳（英語・中国語・ベトナム語）をつけています。
>
> **ルビについて**：日本語能力試験 N4 以上の漢字にはルビをつけていますが、いくつかの語については著者の判断で調整しています。

各課の構成

Step1　ウォーミングアップ（Warming Up）

▶ テーマに関する語彙を学び、その語彙を使って活動する

(ことば) テーマに関する語彙を導入します。

(活 動) 覚えた語彙を使って、ペアで質問し合ったり、アンケートに答えたりする活動をします。この活動は、テーマに関する学習者の経験や関心の度合いを問いながら、学習者の知識を活性化させる役目を果たします。

Step2　理解（Reading and Comprehension）

▶ テーマに関する「読み物」を読む

先に設問を読んで、4 つ程度の質問について考えてから読み物を読みます。長めの文章で、初めて見る単語が出てくるので学習者には「難しい！」と思われるかもしれません。しかし、難しい単語には外国語訳がついていますし、文型は初級終了段階で読めるような易しいものになっています。読み終わったら、設問を解いて理解度を確認します。

読み物は、テーマに関して基本的な情報を与えたり、背景事情を説明したりする役割があります。これをしっかり理解することが、次のディスカッションや発表準備といった活動につながります。

Step3　準備（Discussion and Planning）

▶ プレゼンテーションの準備をする

まず、与えられた課題についてグループやペアでディスカッションをします。そこで話し合ったことや調べたことを使ってパワーポイント（PPT）を作ったり、スクリプトを書いたりします。その際に (表 現) で紹介している語句・文型の説明や例文を読んで、正しい表現が使えるようにします。

グループやペアで助け合って準備をしたのちに、教員が内容や日本語のチェックをします。聞き手に伝わる発表ができるように、発音練習もしてしっかり準備をします。

Step4　発表 (Presentation)

▶ いよいよ発表！

クラスメートは発表を聞きながらテキストにあるワークシートを使って発表内容のポイントをメモします。1グループが発表を終えるごとに、テキストに書いてある話し合いのポイントについてグループで話をして、質問したりコメントしたりすることが理想です。

（ふりかえり）最後に活動のふりかえりをします。この課でうまくできなかったこと、学べたこと、よくわかったことは何かを考え、次の活動につなげましょう。

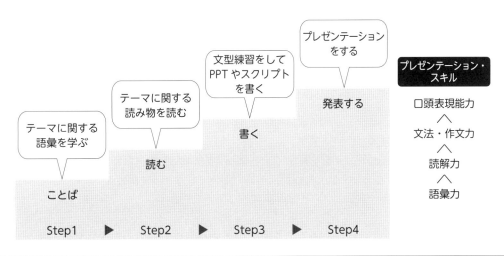

		このテキストで身につけられるスキル
Step1	語彙	● テーマに関する語彙を覚えて、プロジェクト・ワークの中で使えるようになる
Step2	読解	● テーマに関する情報を得たり、背景事情を理解して、プロジェクト・ワークに応用できるようになる
Step3	文法・作文	● 初級で学んだ文型をプレゼンテーションのスクリプト、パワーポイントを作成するために産出できるようになる
Step4	口頭表現	● 自分が考えたこと、調べたことを相手に伝えられるようになる ● 発表を聞いて適切にメモを取り、わからなかったことを質問したり、感想を相手に伝えることができるようになる

進め方のめやす

　以下の進め方はあくまでもめやすです。教育機関によって、1回の授業時間数も違えば、1つの課にかけられる時間数も違うと思います。自由にアレンジしてください。

＜ Lesson 2 を例として＞

◎ 時間をかけてしっかり行う場合：5回（70-90分／1回）

	1回目	2回目	3回目	4回目	5回目
活動	とびら、Step1	Step2	Step3	Step3	Step4

◎ 時間をかけられない場合：4回（70-90分／1回）

	1回目	2回目	3回目	4回目
活動	とびら、Step1	Step2、Step3	Step3	Step4

　※時間をかけられない場合、自学と組み合わせて授業回数を減らすことができます。以下は授業外課題としても問題がない箇所です。
　　・Step1 の［ことば］：クイズを解いて知らなかった語句は覚えておくこと
　　・Step2 の読解：読み物を読んで設問を解き、理解できなかった部分を把握しておくこと
　　・Step3 の［表現］：文型説明を読んで、理解しておくこと

　WEB サイトでは、各課の詳しい進め方や実践を踏まえたクラス運営の工夫（教師用手引き）を公開していますので、ぜひご利用ください。

WEB サイト　https://www.9640.jp/books_939/

▶ 音声ファイル 🔊

▶ ワークシート・ふりかえりシート

　　⬇ のついているワークシートや、各課のふりかえりシートをダウンロードできます。

▶ 解答（読み物の設問など）

▶ ［表現］の日本語説明・練習問題・解答

▶ プロジェクト・ワークのための Tips 集

　　プロジェクト・ワークに必要なスキルを伸ばすための Tips 集です。必要に応じて、授業で扱ったり、学生の自学用に配布したり、お役立てください。

　　1. ディスカッションをスムーズにすることば　　2. プレゼンテーションの決まりことば
　　3. 箇条書きの書き方　　　　　　　　　　　　　4. より良い感想の伝え方
　　5. より良いプレゼンテーションのし方

▶ 教師用手引き

学習者のみなさんへ

みなさんは、日本語を使って、社会的・文化的なテーマでプレゼンテーションをしたことがあるでしょうか。初級を終えたばかりの人の中には、とても難しく感じる人、自分にはできないと思う人がいるかもしれません。しかし、初級で勉強したことをベースにして、必要な語彙、文型の正しい用法などをプラスすれば、きちんとしたプレゼンテーションができるようになります。

『初中級からはじめる日本語プロジェクト・ワーク』は、テーマに関係する語句や、パワーポイント、スクリプトに使える表現を学びながら、初級終了段階の学習者のみなさんでも日本語でプレゼンテーションができるようになることを目指すテキストです。扱っているテーマは、住まい、文化、食、防災、教育、環境という身近で興味深いもので、活動を通して日本の社会や文化について知ることができます。

この本は、教室でクラスメートと話し合いながら楽しく学んでほしいという気持ちで作りましたが、ひとりでも勉強できます。「ウォーミングアップ」「理解」「準備」「発表」と丁寧なステップがあり、パワーポイント、スクリプトなどの例が豊富にありますから、それを真似しながら作りあげることができます。これまで日本語でプレゼンテーションをしたことがなかった人でも、この本のステップにしたがって学んでいけば、はじめてのプレゼンテーションもきっと成功するはずです。

Dear Learners

Have you ever given a presentation on a social or cultural topic in Japanese? Some of you who have just finished the beginner's level may feel it would be very difficult or that you cannot do it. However, if you supplement what you have learned in the beginner's class with elements like the necessary vocabulary and correct usage of sentence patterns, you, too, can give a proper presentation.

The textbook "初中級からはじめる日本語プロジェクト・ワーク" aims to help students at the end of the beginner level give presentations in Japanese, while learning words related to the themes and expressions that can be used in PowerPoint presentations and scripts. The themes covered are familiar and interesting: housing, culture, food, disaster prevention, education, and the environment. Students can thus learn about Japanese society and culture through these activities.

This book was created with the thought that students will enjoy learning via discussions with classmates, but you can also use it to study on your own. The book includes detailed steps for warming up, comprehension, preparation, and presentation, plus there are plenty of examples of PowerPoint presentations, scripts, etc., so students can use them as models as they create their own presentations. Even if you have never given a presentation in Japanese before, if you follow the steps in this book, your first presentation will be a success.

致学习本书的大家

大家有用日语做过以社会·文化为主题的演讲吗？刚学习完初级的人当中，也许有感到困难，产生自己做不到的这样的想法的人。但是，在初级中学到的东西的基础上，加上必要的词汇以及句型的正确使用方法，就能做成一个有条理的演讲。

《初中级からはじめる日本語プロジェクト・ワーク》是一本可以让刚结束初级学习的人通过边学习与主题相关的词句，边使用PPT演示文稿和脚本等表现方式，来提高用日语做演讲的能力的教材。本书中所涉及到的有，居住，文化，饮食，防灾，教育，环境这几个近在身边并且颇有意思的主题，可以通过活动来了解日本的社会与文化。

本书虽是在希望，学习者能够在教室中与同班同学的相互交流中快乐地学习，这样的想法下制成的，但也可以在自学中使用。书中包含了"热身""理解""准备""演讲"这几个贴心的步骤，有丰富的PPT演示文稿，脚本等例子，可以边模仿这些边完成。即便是至今为止都没有用日语做过演讲的人，也可以通过本书里的步骤去学习，来成功地完成首次演讲。

Thân chào các bạn học viên

Chắc hẳn các bạn đã từng dùng tiếng Nhật để thuyết trình những đề tài về văn hóa xã hội, phải không? Trong số những học viên vừa hoàn thành sơ cấp, có thể có những bạn cảm thấy rất khó, bản thân không làm được. Nhưng nếu chúng ta lấy những cái đã học ở sơ cấp làm cơ sở, bổ sung kết hợp thêm những từ vựng cần thiết, cách sử dụng mẫu câu chính xác, chắc chắn chúng ta sẽ có thể thuyết trình, trình bày được tốt.

『初中級からはじめる日本語プロジェクト・ワーク』là giáo trình mục đích hỗ trợ các đối tượng học viên vừa hoàn thành trình độ sơ cấp học và sử dụng những mẫu câu, thành ngữ sử dụng trong thuyết trình scripts, powerpoint liên quan đến các đề tài. Những đề tài này là những vấn đề hết sức gần gũi với chúng ta như đề tài nhà ở, văn hóa, ẩm thực, phòng chống thiên tai, giáo dục, môi trường, thông qua các hoạt động chúng ta có thể hiểu về văn hóa xã hội Nhật Bản.

Giáo trình này được biên soạn với mong muốn bạn bè cùng lớp cùng nhau sôi nổi thảo luận tại lớp, tuy nhiên chúng ta cũng vẫn có thể tự học một mình. Từng bài phân bổ theo từng bước rõ ràng "khởi động", "đọc hiểu", "chuẩn bị", "phát biểu", các ví dụ về powerpoint, scripts phong phú nên học viên có thể bắt chước và làm dễ ràng. Những học viên nào mà từ trước đến giờ chưa có kinh nghiệm thuyết trình hay trình bày bằng tiếng Nhật đi chăng nữa nhưng nếu học theo giáo trình này thì bài thuyết trình đầu tiên chắc chắn sẽ thành công.

アニメから
日本の生活を見てみよう
せいかつ
家や生活について描写する
いえ　せいかつ　　　　　　びょうしゃ

この課の目標
か　もくひょう

日本を知ろう！

昭和時代（主に 1950 年代以降）の家や生活 しょうわじだい　おも　　　ねんだいいこう　　いえ　せいかつ について知る し	Learn about homes and life in the Showa Era (mainly since the 1950s) 了解关于昭和年代（以 1950 年为主）的住房与生活 Tìm hiểu về nhà ở và cuộc sống trong thời đại Chiêu Hòa (chủ yếu từ năm 1950 trở đi)
最近の家が昭和時代からどのように変化した さいきん　いえ　しょうわじだい　　　　　　　　　へんか のかを知る し	Learn how modern houses have changed since the Showa Era 了解近年的住房从昭和年代以来发生了什么样的变化 Tìm hiểu về những thay đổi của nhà ở những năm gần đây từ sau thời đại Chiêu Hòa
自分の国や地域の家／生活と比較して、日本 じぶん　くに　ちいき　いえ　せいかつ　ひかく　　　　　　　 の特徴を考える とくちょう　かんが	Think about the characteristics of Japanese houses and lifestyles in comparison with those in your own country or region 与自己的国家和地区相比较，思考日本在住房或者生活上特征 So sánh nhà ở/ cuộc sống ở đất nước hoặc khu vực bạn sống để suy nghĩ về những đặc trưng của Nhật Bản

日本語を使おう！
つか

家や生活に関することばを覚える いえ　せいかつ　かん　　　　　　おぼ	Memorize words related to houses and daily life 掌握住房与生活相关的词汇 Nhớ những từ vựng về nhà ở và cuộc sống
家や生活の描写文を読んで理解する いえ　せいかつ　びょうしゃぶん　よ　　　りかい	Read and understand descriptive sentences about houses and daily life 阅读并理解住房与生活相关的记叙文 Đọc hiểu văn miêu tả về nhà ở và cuộc sống
描写や比較に関する表現が使えるようになる びょうしゃ　ひかく　かん　　ひょうげん　つか	Be able to use expressions related to description and comparison 学会使用描写与比较的相关表现 Vận dụng được những cách nói so sánh, miêu tả
自分の国や地域の家を描写し、日本の家や生 じぶん　くに　ちいき　いえ　びょうしゃ　　にほん　いえ　せい 活との違いを話し合う かつ　ちが　　はな　あ	Describe houses in your own country/region and discuss how they differ from Japanese houses/lives 叙述自己的国家和地区，谈谈与日本的住房和生活有什么不同 Miêu tả nhà ở của đất nước hoặc khu vực bạn đã sống sau đó thảo luận với nhau về những khác biệt so với Nhật Bản

11

● ことば ●

1 下の写真は建物や家の中の部屋・設備です。それぞれの名前を知っていますか。
しゃしん たてもの いえ へ や せつび し

設備：facilities/设施/tiện
せつび nghi, thiết bị

それぞれの：each/各自的/
từng cái

①
_____

②
_____

③
_____

④
_____

⑤
_____

⑥
_____

⑦
_____

⑧
_____

⑨
_____

⑩
_____

⑪
_____

⑫
_____

⑬
_____

⑭
_____

⑮
_____

2 下の表には、建物や家（部屋・設備）の名前と、その説明が書いてあります。名前や説明を読んで、**1**のどの写真か、当てはまる番号を書いてください。

番号	名前	説明
	玄関 げんかん	家の入り口 いえ　い　ぐち
	台所 だいどころ	料理をする場所 りょうり　　　ばしょ
	階段 かいだん	建物の上の階と下の階を行ったり来たりするための通路 たてもの　　かい　　　かい つうろ
	一軒家 いっけんや	ひとつで独立している家で、「一戸建て」とも言う。 どくりつ　　　いえ　　いっこだ
	寝室 しんしつ	寝る部屋 ね　へや
	マンション	集合住宅の種類のひとつで、主に3階以上の建物 しゅうごうじゅうたく　しゅるい　　　　おも　　　がいいじょう たてもの
	浴室・お風呂 よくしつ　　　ふろ	入浴する場所で、シャワーや浴槽がある。 にゅうよく　　ばしょ　　　　　　　　よくそう
	リビング（ルーム）	家族が集まって、お茶を飲んだりテレビを見たりする部屋 かぞく　あつ　　　　　ちゃ　　　　　　　　　　　　　へや
	子ども部屋 べや	子どもが勉強したり寝たりする部屋 べんきょう　　　ね　　　　へや
	アパート	集合住宅の種類のひとつで、主に2階以下の建物 しゅうごうじゅうたく　しゅるい　　　　おも　　　がいいか たてもの
	和室 わしつ	日本風の部屋で、畳がしかれている。 ふう　へや　　　たたみ
	押入れ おしい	和室の中にある、布団などを入れておくところ わしつ　　　　　ふとん
	洗面所 せんめんじょ	手を洗う洗面台や洗濯機がある場所 あら　せんめんだい　せんたくき　　　ばしょ
	廊下 ろうか	部屋と部屋をつなぐ細い通路 へや　へや　　　　　ほそ　つうろ
	庭 にわ	家の前などにある、草木や花を植えてある場所 いえ　　　　　　　　くさき　　　う　　　　　ばしょ

当てはまる：corresponding/
あ　　　　　対応/thích hợp

通路：hallway, passage/
つうろ　通道/lối đi

独立する：to be
どくりつ　independent (here,
free-standing)/独立/
độc lập

集合住宅：apartment
しゅうごうじゅうたく　building/公共住宅/
nhà chung cư

種類：type/种类/loại
しゅるい
主に：mainly/主要/chủ
おも　yếu

入浴する：to bathe/洗澡/
にゅうよく　tắm

浴槽：bathtub/浴缸/bồn
よくそう　tắm

~風：~type, style/~式/
ふう　theo kiểu ~

畳をしく：to lay tatami
たたみ　mats/铺榻榻米/trải
chiếu tatami

洗面台：washbasin/盥洗
せんめんだい　台/bồn rửa mặt

洗濯機：washing machine/
せんたくき　洗衣机/máy giặt

つなぐ：to connect/连接/
nối với

草木：plants and trees/草
くさき　木, 植物/cây cỏ

13

活動
かつどう

1 この数十年で、日本の家は大きく変わりました。どのように変わったの
ずうじゅうねん　　　　　　　いえ　　おお　　　　か
でしょうか。写真からわかることを説明してみましょう。
　　　　　　しゃしん　　　　　　　　せつめい

数十年：several decades/
すうじゅうねん　几十年/mấy chục
năm

①

②

③

2 みなさんの国や地域では、どのような家が多いですか。○をつけてください。
　　　　　　　くに　ちいき　　　　　　　　　いえ　　おお

私の国や地域では…

1) { 一軒家 ・ 集合住宅 } が多い。
　　いっけんや　しゅうごうじゅうたく

2) { 木で ・ 鉄骨で ・ コンクリートや石などで } できている。
　　き　　　てっこつ　　　　　　　　　　いし

3) 家に入るとき、靴を { 脱ぐ ・ 脱がない }。
　いえ　はい　　　くつ　　ぬ　　　ぬ

4) 玄関のドアを開けると、{ 廊下 ・ リビング } がある。
　げんかん　　　　あ　　　　ろうか

5) { テーブルで ・ 床に座って } 食事をする。
　　　　　　　　ゆか　すわ　　しょくじ

6) { ベッドで ・ 床に布団をしいて } 寝る。
　　　　　　　ゆか　ふとん　　　　ね

7) お風呂とトイレが { 分かれている ・ 一緒になっている }。
　　ふろ　　　　　　わ　　　　　　　　いっしょ

鉄骨：steel frame/钢筋/
てっこつ　cốt thép

コンクリート：concrete/
　　　　　水泥/bê tông

できる：to be made of/建
　　　　成/làm bằng

床：floor/地板/nền nhà
ゆか

布団をしく：to put out a
ふとん　futon/铺床/trải
chăn nệm

分かれる：to be divided,
わ　　separate/分开/
riêng biệt

3 クラスメートと経験について話しましょう。
けいけん

① 日本の家に行ったことがありますか。
いえ

はい、＿＿＿＿＿ことがあります。
いいえ、まだ＿＿＿＿＿ことがありません。

A 『はい』の人

A② それは、どこにある家でしたか。
いえ

私が行った家は、＿＿＿＿＿＿＿に
いえ
ある家でした。
いえ

A③ 一軒家でしたか、集合住宅でしたか。
いっけんや　　　　　　しゅうごうじゅうたく

＿＿＿＿＿＿＿でした。

A④ 新しい家でしたか、古い家でしたか。
いえ　　　　　いえ

＿＿＿＿＿＿＿家でした。
いえ

A⑤ 自分の国や地域の家と、違う点があり
じぶん　くに　ちいき　いえ　ちが　てん
ましたか。

例）その家には和室があって、畳の上に布団
れい　　いえ　　わしつ　　　たたみ　　ふとん
をしいて寝ました。畳はいいにおいがし
ね　　たたみ
ました。

＿＿＿＿＿＿＿＿＿＿＿＿＿＿＿
＿＿＿＿＿＿＿＿＿＿＿＿＿＿＿。

B 『いいえ』の人

B② アニメや漫画、ドラマや映画などで、
まんが　　　　えいが
日本の家を見たことがありますか。
いえ

はい、＿＿＿＿＿＿＿＿＿。

B③ 何という作品の中で見ましたか。
さくひん

例）『鬼滅の刃』という映画の中で見ました。
れい　きめつ　やいば　　　えいが
＿＿＿＿＿＿＿＿＿＿＿＿＿＿＿
＿＿＿＿＿＿＿＿＿＿＿＿＿＿＿。

B④ いつの時代の家でしたか。
じだい　いえ

例）よくわかりませんが、たぶん100年く
れい
らい前の家だと思います。
いえ　　おも
＿＿＿＿＿＿＿＿＿＿＿＿＿＿＿
＿＿＿＿＿＿＿＿＿＿＿＿＿＿＿。

B⑤ 自分の国や地域の家と、違う点があり
じぶん　くに　ちいき　いえ　ちが　てん
ましたか。

例）その家は1階しかありませんでした。木
れい　　いえ　　かい　　　　　　　　　　　
の家でとても寒そうでした。
いえ　　　　さむ

＿＿＿＿＿＿＿＿＿＿＿＿＿＿＿
＿＿＿＿＿＿＿＿＿＿＿＿＿＿＿。

1 読む前に考えましょう。
かんが

▶▶▶ **1 段落** 『ドラえもん』を見ると、何時代の日本の家や生活の様子が
だんらく　　　　　　　　　　　　　　　　　　なにじだい　　にほん　いえ　せいかつ　ようす
わかるでしょうか。

様子：appearance/样子，
ようす　模样/hình ảnh

▶▶▶ **2 段落** 日本の和室には、どのような特徴がありますか。
だんらく　　にほん　わしつ　　　　　　　　　　　とくちょう

特徴：characteristics,
とくちょう features/特征/đặc
trưng

▶▶▶ **3 段落** 当時の日本の子ども部屋は２階にある場合が多かったのです
だんらく　とうじ　にほん　こ　　べや　　かい　　ばあい　おお
が、どうしてでしょうか。

当時：at the time/当时,那
とうじ 个年代/thời đó, lúc
bấy giờ

▶▶▶ **4 段落** 現在の日本の家は、のび太の時代の家と比べて、どのように
だんらく　げんざい　にほん　いえ　　　た　じだい　いえ　くら
変わりましたか。
か

2 読みましょう。

『ドラえもん』に見られる日本の家
いえ

1　　日本の国民的漫画『ドラえもん』は 1969 年に雑誌で連載がスタートしました。1973 年
にほん　こくみんてきまんが　　　　　　　　　　　　　　ねん　ざっし　れんさい
からはテレビでアニメ放送も始まりました。これまでに 12 か国語で漫画が出版、55 か国で
ほうそう　はじ　　　　　　　　　こくご　まんが　しゅっぱん　　こく
アニメが放送されているそうです。その人気は世界に広がっていると言えるでしょう。『ドラ
ほうそう　　　　　　　　　　　　にんき　せかい　ひろ
えもん』がスタートしてから 50 年。この間に、日本の社会には大きな変化があり、それに
ねん　　あいだ　にほん　しゃかい　おお　へんか
5　合わせて日本人の生活様式（ライフスタイル）も変わりました。『ドラえもん』をよく見る
あ　　にほんじん　せいかつようしき　　　　　　　　　　　　か
と、昭和時代の日本の生活をよく表している場面が見られます。例えば家です。のび太の家
しょうわじだい　にほん　せいかつ　あらわ　ばめん　み　　たと　いえ　　た　か
庭は典型的な中流階級で、のび太は当時よく見られた家に住んでいます。
てい　てんけいてき　ちゅうりゅうかいきゅう　　　　　　とうじ　み　　いえ　す

国民的：national/全国皆知/mang tính toàn dân
こくみんてき
連載：serialization/连载/đăng liên tục, nhiều tập
れんさい
〜か国：〜 countries/〜个国家/〜 nước
こく
出版：publishing/出版/xuất bản
しゅっぱん
広がる：to spread/传开/lan rộng
ひろ
変化：change/变化/thay đổi
へんか

合わせる：in line with something, to match/与之相应的/
あ　cùng với
場面：scene/场景,情景/cảnh (phim), tình huống
ばめん
家庭：home/家庭/gia đình
かてい
典型的（な）：typical/典型的/điển hình
てんけいてき
中流階級：middle class/中层阶级/tầng lớp trung lưu
ちゅうりゅうかいきゅう

　　のび太の家の玄関ドアを開けて家の中に入ると、家に来たお客さんに会うための部屋があ
た　いえ　げんかん　　あ　　いえ　なか　はい　　いえ　き　　きゃく　　あ　　へや
ります。「応接間」や「応接室」などと言います。そのとなりには家族が集まる「居間」があ
おうせつま　　おうせつしつ　　　　　　　　　　　かぞく　あつ　　いま
10　ります。この家の居間は和室、つまり畳の部屋です。ちゃぶ台という低いテーブルを囲んで、
いえ　いま　わしつ　　たたみ　へや　　　　　だい　ひく　　　　　かこ
家族がお茶を飲んだりテレビを見たりします。このとき居間は現在のダイニングやリビングの
かぞく　ちゃ　　　　　　　　　　　み　　　　　　いま　げんざい

ような部屋になりますが、ちゃぶ台をかたづけて、押入れから出した布団を畳の上にしくと、たちまち寝室に変わります。こうして1つの和室が様々な機能をかねるのは、小さい日本の家では合理的なシステムと言えます。

応接間：reception room/客厅,会客室/gian phòng tiếp khách	たちまち：at once/立刻,很短时间/bỗng chốc
応接室：drawing room/接待室/phòng tiếp khách	こうして：thus/这样一来/bằng cách này
居間：living room/客厅/phòng sinh hoạt gia đình, phòng ở	機能をかねる：functions in multiple ways/具备功能/có nhiều chức năng
つまり：in other words/也就是说/nói cách khác	合理的（な）：rational/合理的/hợp lý
囲む：to surround, here, gather around/围绕/quây quần	システム：system/系统,结构/hệ thống

15　一番奥の、日が当たらないところには台所、お風呂、トイレなどがあります。日本では昔からお風呂とトイレが分かれているのが一般的でした。階段を上がると、2階に「子ども部屋」があります。70年代の日本では、それまでなかった子ども部屋を作るために、もともとは1階しかなかった家に2階を増築する場合が多く見られたそうです。のび太の部屋も和室で、机と押入れしかありません。ベッドがないので、押入れから布団を出して、畳の上にし

20　いて寝ています。のび太の家には小さな庭があり、そこに洗濯物を干しています。

奥：in the back/里面/góc	もともと：originally/原本,本来/vốn dĩ
日が当たる：sunlight strikes/照到太阳/nắng chiếu vào	増築する：to extend, add on/扩建/tăng tầng
一般的（な）：usual, the norm/普遍的,一般的/thông thường	洗濯物：laundry/洗好的衣物等/quần áo giặt
70年代：70's/七十年代/những năm 70	干す：to dry/晾干,晒干/phơi

現在では、和室がある家が少なくなりました。ほとんどの家では、ダイニングのテーブルで食事をします。リビングにはソファがあり、寝室にはベッドがあります。日本人の生活が西洋風に変わっていき、家のつくりも変わりました。「居間」や「台所」といった言葉は、「リビング」や「キッチン」という外来語に変わってきています。

25　ふだん何気なく見たり読んだりしているアニメや漫画の場面を注意深く見ると、その国や地域の生活が反映されていることがわかります。みなさんも、ぜひ日本人の生活がわかるような部分に注目して作品を楽しんでみてください。

西洋風：western style/西式/theo phong cách phương Tây	注意深く：carefully/专注地,认真地/xem kỹ
つくり：construction/构建,结构/kiến trúc	反映する：to reflect/反映,反射/phản ánh, thể hiện
外来語：foreign words, loan words/外来词/từ vay mượn	部分：part/部分/phần
ふだん：usually/平时/bình thường	注目する：to pay attention to/关注/tập trung
何気なく：casually/不经意地/không để ý đến	

3 本文の内容について答えましょう。

1) 『ドラえもん』を見ると、何時代の日本の家や生活の様子がわかるでしょうか。正しい答え
　 を１つ選びなさい。

　　① 昭和時代
　　② 平成時代
　　③ 令和時代

2) 日本の和室には、どのような特徴がありますか。当てはまらないものを１つ選びなさい。

　　① 畳がしいてあって、布団などを入れる押入れがある。
　　② ダイニングにもなるので、テーブルを置いて、いすに座って食事をする。
　　③ ちゃぶ台をかたづけたり、布団を押入れにしまえば、いろいろな使い方ができる。

3) 当時の日本の子ども部屋は２階にある場合が多かったのですが、その理由は何だと言って
　 いますか。正しい答えを１つ選びなさい。

　　① 子どもは元気なので、階段を使わなければいけない２階に作ったから。
　　② ふつう子ども部屋は和室なので、２階に作らなければいけなかったから。
　　③ もともとなかった子ども部屋を、新しく２階に作ることが多かったから。

4) 現在の日本の家は、のび太の時代の家と比べて、どのように変わりましたか。正しい答え
　 を１つ選びなさい。

　　① 和室は合理的なので、和室がある家が増えた。
　　② 畳の上に布団をしかないで、ベッドで寝る家が多くなった。
　　③ ちゃぶ台を使って食事をする家が増えた。

<参考>『ドラえもん』とは
『ドラえもん』は、日本を代表する有名な漫画・アニメです。「ドラえもん」は、未来から来た、猫の形をしたロボットです。勉強もスポーツも苦手で、いつもお母さんに怒られたり友達にいじめられたりしている「のび太」という小学生と一緒に暮らしています。ドラえもんが出してくれる「ひみつ道具」を使って、のび太がトラブルを解決しながら成長していくという話です。

Step 3　準 備（じゅん び）

◆ Discussion and Planning

1　描写の練習をしましょう。
びょうしゃ　れんしゅう

① 表現を確認しましょう。
ひょうげん　かくにん

状態表現を使った描写文の作り方
じょうたいひょうげん　つか　びょうしゃぶん　つく　かた

Making Descriptive Sentences using Stative Expressions / 运用了状态表现的记叙文的写作方法 /
Cách viết văn miêu tả sử dụng cách nói thể hiện trạng thái

■ 名詞・な形容詞＋だ
　めいし　けいようし

　・私の家は**集合住宅**だ
　　いえ　　しゅうごうじゅうたく

　・私の部屋のとなりは **弟 の部屋**だ
　　へや　　　　　　おとうと　へや

　・私の部屋は**静か**だ
　　へや　　　しず

■ い形容詞
　けいようし

　・私の部屋は**広い**
　　へや　　ひろ

　・私の部屋は父母の部屋より**狭い**
　　へや　ふぼ　へや　　　せま

　・リビングは**明るい**
　　　　　　あか

■ 状態動詞　Stative Verbs / 状态动词 / động từ thể hiện trạng thái
　じょうたいどうし

　・テーブルは部屋の真ん中に**ある**
　　　　　　へや　ま　なか

　・窓から公園が**見える**
　　まど　こうえん　み

■ 自動詞・受身形＋ている　Intransitive Verb/Passive form + ている / 自动词・被动形 + ている / tự động từ / thể bị động + ている
　じどうし　うけみけい

　・廊下が奥に**続いている**
　　ろうか　おく　つづ

　・２つの部屋が**並んでいる**
　　　　へや　なら

　・浴室とトイレが**分かれている**
　　よくしつ　　　　わ

　・机の上はいつもよく**かたづけられている**
　　つくえ

■ 他動詞＋てある　Transitive Verb + てある / 他动词 + てある / tha động từ + てある
　たどうし

　・リビングにソファが**置いてある**
　　　　　　　　　　お

　・壁に写真が**かけてある**
　　かべ　しゃしん

　・窓に花が**飾ってある**
　　まど　はな　かざ

---

② 下の図は『あたしンち』というアニメの主人公、「みかん」の家です。
みかんの家を描写しましょう。□□□から言葉を１回ずつ選んで、a.～i.
を書きましょう。

主人公：main character/
主人公，主角/nhân
vật chính

※平成時代の一般的な
マンションです。

©けらえいこ

| a. 暖かい b. 暗い c. 和室 d. ある e. 置いてある |
| f. 分かれている g. 続いている h. 面している i. できている |

面する：to face/面向/đối
diện với

1）みかんの家はマンションだ。マンションは、ふつう鉄骨やコンク
リートで_____。

2）玄関から中に入ると廊下があって、廊下が奥に_____。

3）みかんの部屋とユズヒコ（みかんの 弟 ）の部屋は廊下に_____。

4）みかんの部屋とユズヒコの部屋には、大きなクローゼットが
_____。窓の近くには机が_____。

5）みかんの家は、トイレと浴室が_____。浴室、洗面所、トイレ
には窓がないので、電気をつけないと、とても_____。

6) ダイニングは南向きなので、冬でも＿＿＿＿＿。

7) みかんとユズヒコの部屋は洋室だが、父母の部屋は＿＿＿＿＿なので、布団をしいて寝ている。

南向き：South-facing/朝南/hướng Nam

洋室：Western-style room/西式房间(対比日式房间的说法)/phòng theo kiến trúc phương Tây

2 比較する文を作る練習をしましょう。

① 表現を確認しましょう。

表現　２つのものを比較するときの助詞の使い方

How to Use Particles when Comparing 2 Things / 比较两个物体时的助词的使用方法 / Cách sử dụng trợ từ để so sánh hai sự vật sự việc

■ 比較した２つのものが違うとき

～は…が、～は…。

・日本は木でできている家が多いが、私の国は鉄骨でできている家が多い。

・昔は庭に洗濯物を干す家が多かったが、今はベランダに干す家が多い。

■ 比較した２つのものが同じとき

～は…が、～も {同じだ／そうだ}。

・日本では玄関で靴を脱ぐが、私の国でも同じだ。

※ When a verb expressing an action is the predicate, such as with "脱ぐ," "食事をする," "寝る" or "使う," the particle "で" is added to the noun expressing the place.

像"脱ぐ""食事をする""寝る""使う"这样，表示动作的动词做谓语时，在表示场所的名词后面接格助词"で"。

Những động từ như「脱ぐ」「食事をする」「寝る」「使う」, khi động từ thể hiện hành động làm vị ngữ, sử dụng trợ từ ở danh từ chỉ nơi chốn.

② 次の点について２つのものを比較してみましょう。（日本と私の国、都心と郊外、昔と今、若い人とお年寄り、など）

都心：urban/城市中心/trung tâm

お年寄り：elderly/老年人/người cao tuổi

1) 一軒家が多いですか、集合住宅が多いですか。

例）私の国では、都心は集合住宅が多いですが、郊外は一軒家が多いです。

2) 浴室とトイレは分かれていますか。

3) テーブルで食事をしますか、床に座って食事をしますか。

4) ベッドで寝ますか、床に布団をしいて寝ますか。

5) 和室のような伝統的な部屋を使いますか。

伝統的（な）：traditional/传统的,传统风格的/truyền thống

3 ❶と❷で学んだ表現を使って、自分が住んでいる（住んでいた）家か、自分の国や地域によく見られる家を描写しましょう。できれば、日本と比較して同じところ、違うところも紹介するようにしてください。例を見て書いてください。口頭で発表しますので、丁寧体（です・ます）で書きましょう。

口頭：verbal/口头/bằng lời

例）
私の家
ジョン・スミス

　私が国にいたときに住んでいた家を紹介します。私の家は**一軒家**です。

　玄関のドアを開けて中に入ると、すぐにリビングがあります。日本では玄関で靴を脱ぎますが、私の国ではそのまま家に入ります。リビングには大きな窓があるので、よく庭が**見えて**、とても**気持ちのいい場所**です。リビングの奥には台所があります。家族6人が全員座れる大きなダイニングテーブルが**あります**。

　リビングから、両親の部屋と祖母の部屋が**続いています**。両親の部屋は部屋の中では一番**大きいです**。日本では浴室とトイレが**分かれていますが**、私の国では、ふつう、浴室とトイレが**分かれていません**。古い家なので、浴室は少し**寒いです**。

　階段を上がって2階に行くと、兄の部屋、姉の部屋、私の部屋が**並んでいます**。私の部屋に入ると、左側に、高さが天井まである大きい洋服ダンスがあって、右側に大きな机があります。そのとなりに棚があって、レコードや写真が**飾ってあります**。窓の近くにはいろいろな植物が**置いてあります**。

　私の家はとても**古いです**が、**大きくて庭があって**、とても**居心地のいい家です**。

そのまま：as is/照原样/để nguyên như vậy
天井：ceiling/天花板/trần (nhà)
植物：plants/植物/cây cảnh, thực vật

〜側：~side/〜側, 〜边/bên ~, phía ~
洋服ダンス：wardrobe/衣柜/tủ quần áo
居心地がいい：cozy, comfortable/舒适的/thoải mái, dễ chịu

Step 4 発 表
はっ　ぴょう

• Presentation

1 お互いに発表したり、インタビューしたりしましょう。
　 たが　 はっぴょう

発表のながれ
はっぴょう

1	ペアを作り、パートナーに、家について書いた文章を発表します。 　　 つく　　　　　　　　　　　 いえ　　　　　 ぶんしょう　 はっぴょう
2	発表を聞いている人は、自分の家（自分の国や地域の家）とは違うと はっぴょう　 き　　　　　　　 じ ぶん　 いえ　 じ ぶん　 くに　 ち いき　 いえ　　　 ちが 思ったところ、同じだと思ったところをメモします。　＜ワークシート1＞ おも　　　　　　　 おな　　　 おも
3	発表が終わったら、以下の点について質問やコメントをします。 はっぴょう　 お　　　　　 い か　 てん　　　　　 しつもん 　・よく聞こえなかったところ、わからなかったところ 　・面白いと思ったところ 　　 おもしろ　　　 おも
4	グループを作り、何が日本の家や日本人の生活の特徴だと言えるか考 　　　　　　 つく　　 なに　 にほん　 いえ　 にほんじん　 せいかつ　 とくちょう　　　 い　　　　 かんが えます。気がついたことをクラスメートに発表します。　＜ワークシート2＞ 　　　　 き　　　　　　　　　　　　　　　　　　 はっぴょう

＜ワークシート1＞ （　　　　　　　　　）さんの家と私の家（私の国や地域の家）
　　　　　　　　　　　　　　　　　　　　　　 いえ　 わたし いえ　 わたし くに　 ち いき　 いえ

違うところ： ちが
同じところ： おな

＜ワークシート2＞　日本の家や日本人の生活の特徴
　　　　　　　　　　 にほん　 いえ　 にほんじん　 せいかつ　 とくちょう

日本の家の特徴： にほん　 いえ　 とくちょう 例）浴室とトイレが分かれているところが、日本の家の特徴だと思います。 れい　 よくしつ　　　　　　　 わ　　　　　　　　　　　　 いえ　 とくちょう　　 おも
日本人の生活の特徴： にほんじん　 せいかつ　 とくちょう 例）毎日、お風呂に入るところが、日本人の生活の特徴だと思います。 れい　 まいにち　 ふ ろ　　 はい　　　　　　　　 せいかつ　 とくちょう　　 おも

ふりかえり

この課の目標をもう一度ふりかえりましょう。できましたか、できませんでしたか。

日本を知ろう！	◎	○	△
昭和時代（主に 1950 年代以降）の家や生活について知る			
最近の家が昭和時代からどのように変化したのかを知る			
自分の国や地域の家／生活と比較して、日本の特徴を考える			

日本語を使おう！	◎	○	△
家や生活に関することばを覚える			
家や生活の描写文を読んで理解する			
描写や比較に関する表現が使えるようになる			
自分の国や地域の家を描写し、日本の家や生活との違いを話し合う			

この課で学べたこと、よくわかったこと

日本の伝統文化にふれよう
でんとうぶんか

伝統文化の体験イベントを計画する
でんとうぶんか　たいけん　　　　　　　　　けいかく

この課の目標
か　もくひょう

日本を知ろう！
し

日本の伝統文化にはどのようなものがあるのか を知る でんとうぶんか　　　　　　　　　　　　　　　　　し	Learn about what traditional Japanese culture has to offer 了解日本的传统文化中包含了哪些内容 Tìm hiểu trong văn hóa truyền thống Nhật Bản có những gì
日本の伝統芸能「歌舞伎」について知る でんとうげいのう　　かぶき　　　　　　　し	Learn about Kabuki, a traditional Japanese performing art 了解关于日本的传统艺能 "歌舞伎" Tìm hiểu về kịch múa truyền thống "Kabuki" của Nhật Bản
日本の伝統文化を体験できる場所や、その内容 について知る でんとうぶんか　たいけん　　　ばしょ　　　　　ないよう　　　　　　　　し	Learn about places where you can experience traditional Japanese culture and what they have to offer 了解能够体验日本传统文化的场所与其相关内容 Tìm hiểu về những nơi có thể trải nghiệm văn hóa truyền thống Nhật Bản và biết về nội dung đó

日本語を使おう！
つか

日本の伝統文化に関することばを覚える でんとうぶんか　かん　　　　　　　　おぼ	Memorize words related to traditional Japanese culture 掌握日本的传统文化相关的词汇 Nhớ những từ vựng về văn hóa truyền thống Nhật Bản
歌舞伎についての説明文を読んで理解する かぶき　　　　　　　せつめいぶん　　よ　　りかい	Read and understand explanations about Kabuki 阅读并理解关于歌舞伎的说明文 Đọc hiểu những bài giải thích về Kabuki
可能や条件の表現が使えるようになる かのう　じょうけん　ひょうげん　つか	Be able to use expressions of possibility and conditions 学会使用可能与条件的表现 Vận dụng những cách nói về khả năng và điều kiện
日本の伝統文化を楽しむための情報を集めて、 プレゼンテーションをする でんとうぶんか　たの　　　　　　　じょうほう　あつ	Gather and present information on how to enjoy traditional Japanese culture 收集体验日本传统文化用的信息，并做演讲 Tập hợp những thông tin về văn hóa truyền thống Nhật Bản và phát biểu

ウォーミングアップ

● ことば ●

1 下の写真は日本の伝統文化の例です。それぞれの名前を知っていますか。
しゃしん　　　　でんとうぶんか　れい　　　　　　　　　　　　　　　し

> それぞれの：each／各自的／
> từng cái

①

②

③

④

⑤

⑥

写真：イメージマート

⑦

写真：東北カラーエージェンシー／アフロ

⑧

⑨

⑩

⑪

⑫

2 下の表には、日本の伝統文化の名前と、その説明が書いてあります。名
前や説明を読んで、**1** のどの写真か、当てはまる番号を書いてください。

番号	名前	説明
	茶道 さどう	人にお茶を出すときの方法や心がまえを学ぶ 芸術
	生け花 いばな	木の枝や花などを花器に飾る芸術
	風鈴 ふうりん	夏に、窓に吊り下げて、音を楽しむ鈴
	漆器 しっき	工芸品のひとつで、うるしをぬったお皿やおわん
	着物 きもの	日本人が昔から着ていた伝統的な服
	剣道 けんどう	伝統的な武道のひとつで、竹刀で戦う。
	太鼓 たいこ	和楽器のひとつで、たたいて音を出す。
	和菓子 わがし	もち、だんごのような伝統的なお菓子
	能 のう	能面と言われる面をかぶり、歌に合わせて踊る 舞台芸術
	歌舞伎 かぶき	歌と踊りと演技がひとつになった舞台芸術。 顔に独特な化粧をする。
	伝統建築 でんとうけんちく	寺、神社など、昔の建て方で作られた建物
	盆踊り ぼんおどり	お盆のころ、祭りなどで先祖のために集まって 踊る踊り

当てはまる：corresponding/
对应/thích hợp

心がまえ：mindset/心理
准备/chuẩn bị về
mặt tinh thần

芸術：art/艺术/nghệ thuật

花器：vase/插花时使用的
容器/dụng cụ cắm
hoa

吊り下げる：to hang down/
悬挂/treo

鈴：bell, chime/铃/chuông

工芸品：crafts/工艺品/đồ
mỹ nghệ

うるし：lacquer/漆/sơn mài

おわん：bowl/碗/chén,
bát

武道：martial arts/武术/
võ thuật

竹刀：bamboo sword/竹
剑/kiếm tre

戦う：to fight/对打/chiến
đấu, thi đấu

和楽器：Japanese musical
instruments/日本
传统乐器/nhạc cụ
Nhật Bản

面：mask/面具/mặt nạ

舞台芸術：performing
arts/舞台艺术/
nghệ thuật sân
khấu

演技：acting/演技/diễn,
diễn xuất

独特(な)：unique/独特的/
đặc thù, đặc trưng

化粧：makeup/妆饰/
trang điểm

お盆：Obon (An event held
in summer to
worship the spirits of
one's ancestors.)/日
本盂兰盆节(祭祀祖
先而举行的夏日仪
式)/Lễ Obon (lễ hội
mùa hè tại Nhật để
tưởng nhớ linh hồn
tổ tiên ông bà)

先祖：ancestors/祖先/tổ
tiên

1 クラスメートと経験について話しましょう。
けいけん

1）日本の伝統文化を体験した（見た）ことがありますか。
てんとうぶんか　たいけん

　　体験したことがある　・　体験したことがない
　　たいけん　　　　　　　　　　　　たいけん

2）「体験したことがある」と答えた人は、どこで、何をしました（見ま
　　たいけん　　　　　　　　こた
　　した）か。

例）去年、ブラジルでお祭りに参加して、盆踊りを踊りました。
れい　きょねん　　　　　　まつ　　さんか　　　ぼんおど　おど
高校生のとき、先生が茶道を見せてくれました。
　　　　　　　　　　　　さどう

参加する：to participate
さんか in／参加／tham gia

3）体験したことがない人でも、知っている日本の伝統文化があれば、
　　たいけん　　　　　　　　　し　　　　　　　　　てんとうぶんか
　　それについて話しましょう。

例）日本の映画を見たとき、花火大会の場面がありました。
れい　　　　えいが　　　　　はなびたいかい　　ばめん
父が日本に行ったとき、風鈴を買ってきてくれました。
　　　　　　　　　　ふうりん

花火大会：fireworks
はなびたいかい display／烟火大会／
lễ hội pháo hoa

場面：scene／场景，情景／
ばめん cảnh (phim), tình
huống

2 クラスメートと、これからどんな伝統文化を体験してみたいか話しましょう。
でんとうぶんか　たいけん

【体験の例】
たいけん　れい
　・着物を着る
　　きもの　き
　・茶道をする
　　さどう
　・生け花をする
　　い　ばな
　・風鈴を作る
　　ふうりん　つく
　・漆器を作る／見る
　　しっき　つく
　・和食・和菓子を作る／食べる
　　わしょく　わがし　つく
　・剣道をする
　　けんどう
　・太鼓をたたく
　　たいこ
　・伝統建築を見る
　　でんとうけんちく
　・能を見る
　　のう
　・歌舞伎を見る
　　かぶき
　・盆踊りを踊る／見る
　　ぼんおど　おど

和食：Japanese food／日式
わしょく 饭菜／món ăn Nhật

① 体験してみたい伝統文化と、その理由を書きましょう。
たいけん　　　　　でんとうぶんか　　　　　りゆう

例）私は和菓子が好きなので、自分で和菓子を作ってみたいです。
れい　　わがし　す　　　　　じぶん　わがし　つく
　　　私は自分の国で剣道をしているので、日本でも剣道を体験してみたいです。
　　　じぶん　くに　けんどう　　　　　　　　　　けんどう　たいけん

　　私は＿＿＿＿＿＿＿＿＿＿＿＿＿ので、＿＿＿＿＿＿＿＿＿＿＿＿＿みたいです。

　　私は＿＿＿＿＿＿＿＿＿＿＿＿＿ので、＿＿＿＿＿＿＿＿＿＿＿＿＿みたいです。

② ①で書いたことを、ペアやグループで発表し合いましょう。出てきた伝統文化の名前をメモし
　　　　　　　　　　　　　　　　はっぴょう　あ　　　　　　　　　　　　でんとうぶんか
ましょう。

```
┌─────────────────────────────────────────────────┐
│                                                 │
│                                                 │
│                                                 │
│                                                 │
│                                                 │
│                                               ◢ │
└─────────────────────────────────────────────────┘
```

③ 上の伝統文化について、インターネットなどで情報を調べましょう。
　　うえ　でんとうぶんか　　　　　　　　　　　　　　　じょうほう　しら
　　体験・参加できるかどうか、確かめましょう。
　　たいけん　さんか　　　　　　　　　たし

情報：information/信息/
じょうほう　　thông tin
確かめる：to confirm/确
たし　　　　　认/kiểm tra, xác
　　　　　　nhận

④ どの体験イベントを計画するか、話し合って決めましょう。
　　　たいけん　　　　　けいかく　　　　　はな　あ　　き

　　私たちのペア／グループは、＿＿＿＿＿＿＿＿＿＿＿という計画を立てます。
　　　　　　　　　　　　　　　　　　　　　　　　　　　けいかく　た

1 読む前に考えましょう。
よ　　まえ　　かんが

> ▶▶▶ **1段落** 歌舞伎は、どのような伝統文化ですか。
> だんらく　　かぶき　　　　　　　　　　　　　　てんとうぶんか

> ▶▶▶ **2段落** 歌舞伎は若い人にも人気があるでしょうか。
> だんらく　　かぶき　　わか　ひと　　　にんき

> ▶▶▶ **3段落** 日本語がよくわからない人でも、歌舞伎の内容を理解する
> だんらく　　にほんご　　　　　　　　　　ひと　　　かぶき　　ないよう　　りかい
> ことはできるでしょうか。

理解する：to understand/
りかい
理解/hiểu

2 読みましょう。
よ

日本の伝統芸能「歌舞伎」を見てみよう
でんとうげいのう　　かぶき　　　み

1　江戸時代に生まれた「歌舞伎」は歌・踊り・演技がひとつになった舞台芸術で、日本を代
　えどじだい　う　　　　かぶき　　うた　おど　えんぎ　　　　　　　　　　ぶたいげいじゅつ　　にほん　だい
表する伝統芸能です。ヨーロッパにも、オペラ (opera) やバレエ (ballet) のように何百年も続く
ひょう　でんとうげいのう　　　　　　　　　　　　　　　　　　　　　　　　　　　　　なんびゃくねん　つづ
伝統芸能がありますが、これらは王や貴族が守り、発展させました。それに対して歌舞伎は、
でんとうげいのう　　　　　　　　　　おう　きぞく　まも　　はってん　　　　　　　　　たい　　かぶき
国に禁止されたことはあっても、サポートを受けたことはありませんでした。市民が育てた文
くに　きんし　　　　　　　　　　　　　　　　　　　う　　　　　　　　　　　　　しみん　そだ　　ぶん
5　化だと言えます。
か　　　い

　しかし最近では、ファンの高齢化が進んでいて、「もっと若い人に劇場に来てもらわなけれ
さいきん　　　　　　こうれいか　すす　　　　　　　　わか　ひと　げきじょう　き
ば、このまま歌舞伎を続けていくことはできない」とも言われています。そこで、若いファン
かぶき　つづ　　　　　　　　　　　　　　　　　　い　　　　　　　　　　　わか
を増やすため、漫画『ONE PIECE』や『NARUTO』を歌舞伎で上演したり、ボーカロイド
ふ　　　　　　まんが　　　　　　　　　　　　　　　　　　　　かぶき　じょうえん
の初音ミクと共演したりもしました。2019年と2022年には、宮崎駿が描いた漫画『風の
はつね　　きょうえん　　　　　　　　　　　　　　　　　　　　　みやざきはやお　か　　まんが　かぜ
10　谷のナウシカ』が原作の歌舞伎が上演されました。
たに　　　　　　　　げんさく　かぶき　じょうえん

伝統芸能：traditional arts/传统表演艺术/nghệ thuật でんとうげいのう 　　　　truyền thống 江戸時代：Edo Period/江戸時代/thời đại Edo えどじだい 貴族：nobility, aristocrats/贵族/quý tộc きぞく 守る：to protect/守护/gìn giữ, bảo vệ まも 発展する：to develop/发展/phát triển はってん 〜に対して：in relation to ~/对比/đối với ~ たい 禁止する：to prohibit/禁止/cấm きんし	高齢化：aging/老龄化/già hóa こうれいか 劇場：theater/剧院/sân khấu kịch げきじょう 増やす：to increase/增加,增添/tăng ふ 上演する：to perform/演出/trình diễn じょうえん 共演する：to co-star/共同演出/diễn chung きょうえん 描く：to draw/画,绘/vẽ か 原作：original work/原作,底本/nguyên tác げんさく

　国立劇場では毎年「外国人のための歌舞伎鑑賞教室」が行われています。学生はとても
こくりつげきじょう　まいとし　がいこくじん　　　　かぶきかんしょうきょうしつ　おこな　　　　　　がくせい
安く歌舞伎を見ることができます。日本語がわからない人のために、日本語と英語のイヤホ
やす　かぶき　み　　　　　　　　　　　　にほんご　　　　　　　ひと　　　　　　にほんご　えいご

ン・ガイドがあり、上演中は舞台の上に英語の字幕が出ます。始まる前には専門家による
「歌舞伎のみかた」のレクチャーがあって、作品をより深く理解できます。ぜひ一度、歌舞伎
15　を見に劇場に行ってみましょう。

国立劇場：National Theatre/国立剧场/sân khấu kịch
　こくりつげきじょう　 quốc gia
鑑賞教室：(art) appreciation class/鉴赏教室/lớp xem
　かんしょうきょうしつ　 thưởng thức
イヤホン・ガイド：audio guide/音声解说/audio guide
　 (thuyết minh bằng tai nghe điện tử)

舞台：stage/舞台/sân khấu
　ぶたい
字幕：subtitles/字幕/phụ đề
　じまく
専門家：experts/专家/chuyên gia
　せんもんか
より：more/更加/hơn

3　本文の内容について答えましょう。
　　ほんぶん　ないよう　　　　こた

　１）歌舞伎の説明として、正しい答えを１つ選びなさい。
　　　かぶき　せつめい　　　　ただ　こた　　　えら

　　　① 歌舞伎は、江戸時代より前に生まれた。
　　　　かぶき　　えどじだい

　　　② 歌舞伎は、踊りと歌と演技が一緒になった芸術だ。
　　　　かぶき　　おど　うた　えんぎ　いっしょ　　　　げいじゅつ

　　　③ 歌舞伎は、ヨーロッパのオペラやバレエと同じように、国に守
　　　　かぶき　　　　　　　　　　　　　　　　おな　　　　　くに　まも
　　　　られてきた。

　２）最近、歌舞伎についてどのようなことが言われていますか。正しい
　　　さいきん　かぶき　　　　　　　　　　　　　　　　　　　　　ただ
　　　答えを１つ選びなさい。
　　　こた　　　えら

　　　① 若いファンが少ないのは問題だと言われている。
　　　　わか　　　　　すく　　　　もんだい

　　　② 劇場に来る若い人のマナーが悪いと言われている。
　　　　げきじょう　く　わか　ひと　　　　　　わる

　　　③ 若い人のためだけに歌舞伎を上演したほうがいいと言われている。
　　　　わか　ひと　　　　　　かぶき　じょうえん

　３）若い人に劇場に来てもらうために何をしていますか。正しい答え
　　　わか　ひと　げきじょう　く　　　　　　　なに　　　　　　　　ただ　こた
　　　を１つ選びなさい。
　　　　　えら

　　　① 歌舞伎を上演する劇場で、アニメを見せている。
　　　　かぶき　じょうえん　げきじょう　　　　　　み

　　　② 若者が好きな漫画を歌舞伎で上演している。
　　　　わかもの　す　まんが　かぶき　じょうえん

　　　③『風の谷のナウシカ』を描いた人が、歌舞伎を演じている。
　　　　かぜ　たに　　　　　　か　ひと　　かぶき　えん

演じる：to act, pretend/
えん　表演,演绎/diễn

　４）国立劇場では、日本語がわからない人のために、どのようなこと
　　　こくりつげきじょう　にほんご　　　　　　　ひと
　　　をしていますか。正しい答えを２つ選びなさい。
　　　　　　　　　ただ　こた　　　　　えら

　　　① 外国語で歌舞伎を上演している。
　　　　がいこくご　かぶき　じょうえん

　　　② 上演しているときには、英語の字幕を出している。
　　　　じょうえん　　　　　　　えいご　じまく　だ

　　　③ 英語のイヤホン・ガイドで説明が聞けるようにしている。
　　　　えいご　　　　　　　　　　せつめい　き

　　　④ 歌舞伎が終わってから、専門家がレクチャーをしている。
　　　　かぶき　お　　　　　せんもんか

1 自分たちが決めた伝統文化の体験について、計画表を作ります。例を見
じぶん き でんとうぶんか たいけん けいかくひょう つく れい
て書きましょう。

計画表：plan/计划表/
けいかくひょう
bảng kế hoạch

例）
れい

①	グループの名前	わくわく日本文化チーム ぶんか
②	体験すること たいけん	歌舞伎を見る か ぶ き
	場所 ば しょ	国立劇場 こくりつげきじょう
	できること	学生は安く歌舞伎が見られる。 か ぶ き 英語の字幕などがあるので、日本語がよくわからなくても楽しめる。 えい ご じ まく たの 専門家による説明があるので、歌舞伎のことがもっとよくわかる。 せんもん か せつめい か ぶ き
③	予約 よ やく	必要 ひつよう
	予約の方法 よ やく ほうほう （必要な場合） ひつよう ば あい	インターネットで予約できる。 よ やく 国立劇場チケットセンター こくりつげきじょう https://ticket.ntj.jac.go.jp/top_e.htm
	料金 りょうきん	1等席 (1st Grade) 4,500円／学生 1,800円 いっとうせき
④	体験の時間 たいけん	2時間

行き方	（　）から（　）まで		交通 こうつう	時間	料金 りょうきん
	多磨駅 た ま	～	武蔵境駅 むさしさかい	西武多摩川線 せいぶ た ま がわせん	7分	180円
	武蔵境駅 むさしさかい	～	四ツ谷駅 よ つ や	JR中央線 ちゅうおうせん	33分	310円
	四ツ谷駅 よ つ や	～	国立劇場 こくりつげきじょう	徒歩 (on foot) と ほ	20分	

⑤ 行き方
かた
（多磨駅）から
た ま
片道（1時間）
かたみち
(one way)

⑥	持ち物／注意点 も もの ちゅういてん	特別な持ち物はないが、目が悪い人はオペラグラス (opera glasses) があるといい。 とくべつ も もの め わる 劇場内では、食べたり飲んだりしてはいけない。 げきじょうない

①	グループの名前	

②	体験すること _{たいけん}	
	場所 _{ば しょ}	
	できること	

③	予約 _{よ やく}	
	予約の方法 _{よ やく　ほうほう} (必要な場合) _{ひつよう　　ば あい}	
	料金 _{りょうきん}	

| ④ | 体験の時間
_{たいけん} | |

⑤	行き方 _{かた} (　　　) から 片道 (　　　) _{かたみち}	（　　）から（　　）まで	交通 _{こうつう}	時間	料金 _{りょうきん}
		〜			
		〜			
		〜			

| ⑥ | 持ち物／注意点
_{も　もの　ちゅう い てん} | |

33

2 自分たちが考えた計画についてプレゼンテーションをします。例を見て、スクリプトを書きましょう。スクリプトの文は丁寧体（です・ます）を使います。

例）

①	あいさつ	私たちは、「わくわく日本文化チーム」です。 これから、私たちが考えた計画を紹介します。
②	場所や内容の 紹介	私たちは「国立劇場で歌舞伎を見る」という計画を考えました。 国立劇場は四ツ谷にある劇場で、主に、日本の伝統芸能を上演しています。ここでは毎年「外国人のための歌舞伎鑑賞教室」が行われています。 学生なら 1,800 円で歌舞伎が見られます。 日本語がわからない人のために、日本語と英語のイヤホン・ガイドがあります。また、上演中は、英語の字幕も出ます。歌舞伎の日本語は少し難しいそうですが、こうしたサポートがあれば楽しめると思います。歌舞伎が始まる前には、専門家が「歌舞伎のみかた」というレクチャーをします。 これを聞けば、歌舞伎のことがもっとよくわかります。
③	予約・料金	次に、予約の方法についてお話しします。予約は必要です。インターネットで、予約できます。料金は、学生なら 1,800 円です。
④	体験の時間	歌舞伎の上演時間は、2 時間です。
⑤	行き方	行き方について説明します。 まず、多磨駅で西武多摩川線に乗ります。武蔵境駅に着いたら JR 中央線に乗りかえます。四ツ谷駅で降りて、そこから歩きます。国立劇場までは歩いて 20 分ぐらいかかります。 多磨駅からは、片道 1 時間ぐらいです。
⑥	持ち物／注意点	特別な持ち物はありませんが、目が悪い人はオペラグラスがあるといいと思います。オペラグラスがあれば、遠い席からもよく見えます。劇場内では、食べたり飲んだりしてはいけません。
⑦	あいさつ	私たちのプレゼンテーションは以上です。 ご質問があれば、お願いします。

①	あいさつ	
②	場所や内容の 紹介	
③	予約・料金	
④	体験の時間	
⑤	行き方	
⑥	持ち物／注意点	
⑦	あいさつ	

<ruby>名前<rt></rt></ruby>を<ruby>紹介<rt>しょうかい</rt></ruby>する、<ruby>内容<rt>ないよう</rt></ruby>を<ruby>紹介<rt>しょうかい</rt></ruby>する

Introducing Names and Details / 介绍姓名，介绍内容 /
Giới thiệu tên, giới thiệu nội dung

▶「～という―」

When mentioning the name of a place, building or person your audience may not know, you can introduce it by saying "～という場所/建物/人." Here "～" stands for a proper noun. However in the example shown in ?, when referring to a generally well-known place, building or person, such as "新宿駅" or "マイケル・ジャクソン," that the other person is expected to know, it is difficult to use "という." (The question mark "?" indicates that the Japanese is unnatural.)

在叙述对方不了解的地方或建筑物，人名等的时候，用 "～という場所／建物／人" 来介绍。在 "～" 中加入固有名词。但是，例如打了问号的 "新宿駅" "マイケル・ジャクソン" 等句子中，包含了普遍有名的固有名词（对方也知晓的情况），就比较难使用 "という" 了。（" ？" 这个符号，在日语中表示说法不自然的意思。）

Trường hợp nói đến tên người, kiến trúc, nơi chốn mà có thể người nghe (người đọc) không biết, chúng ta dùng cách nói「～という 場所／建物／人」(người/vật/nơi chốn có tên là ~). Trong「～」chúng ta dùng danh từ riêng. Nhưng trường hợp nói về tên riêng của những địa điểm, nhân vật nổi tiếng như「新宿駅」「マイケル・ジャクソン」sử dụng trong ví dụ có dấu "?", khó sử dụng「という」. (Dấu「?」ý chỉ tiếng Nhật không tự nhiên.)

・<ruby>浅草<rt>あさくさ</rt></ruby>には<ruby>浅草寺<rt>せんそうじ</rt></ruby>という<ruby>有名<rt>ゆうめい</rt></ruby>な<ruby>寺<rt>てら</rt></ruby>があります。
・<ruby>東京<rt>とうきょう</rt></ruby>ディズニーランドは、<ruby>舞浜<rt>まいはま</rt></ruby>という<ruby>駅<rt>えき</rt></ruby>の<ruby>近<rt>ちか</rt></ruby>くにあります。
・? <ruby>新宿御苑<rt>しんじゅくぎょえん</rt></ruby>は、<ruby>新宿<rt>しんじゅく</rt></ruby>という<ruby>駅<rt>えき</rt></ruby>の<ruby>近<rt>ちか</rt></ruby>くにあります。（→ <ruby>新宿駅<rt>しんじゅく</rt></ruby>の<ruby>近<rt>ちか</rt></ruby>くにあります）
・? <ruby>私<rt></rt></ruby>はマイケル・ジャクソンという<ruby>歌手<rt>かしゅ</rt></ruby>が<ruby>好<rt>す</rt></ruby>きです。（→ マイケル・ジャクソンが<ruby>好<rt>す</rt></ruby>きです）

When introducing the details of an event or plan, you can introduce it as "～というイベント/計画" or something similar. "～" can be a noun or the dictionary form of a verb.

在介绍活动或是计划内容的时候，可以用 "～というイベント／計画" 来介绍。在 "～" 中加入名词或是动词的原形。

Trường hợp giới thiệu nội dung và kế hoạch của sự kiện, chúng ta dùng cách nói「～というイベント／計画」(sự kiện ~/ kế hoạch ~). Trong「～」chúng ta dùng thể từ điển của động từ hay danh từ.

・<ruby>国立劇場<rt>こくりつげきじょう</rt></ruby>では、「<ruby>外国人<rt></rt></ruby>のための<ruby>歌舞伎鑑賞教室<rt>かぶきかんしょうきょうしつ</rt></ruby>」というイベントが<ruby>行<rt>おこな</rt></ruby>われています。
・<ruby>私<rt></rt></ruby>たちは、<ruby>上野公園<rt>うえのこうえん</rt></ruby>に<ruby>桜<rt>さくら</rt></ruby>を<ruby>見<rt>み</rt></ruby>に<ruby>行<rt>い</rt></ruby>くという<ruby>計画<rt>けいかく</rt></ruby>を<ruby>考<rt>かんが</rt></ruby>えました。

何ができるのかを言う

Saying What Can be Done / 说说能做什么 / Nói về khả năng có thể làm gì

可能形 (Potential form)
かのうけい

可能形（-れる／られる）の作り方
かのうけい つくかた

1 グループ	u → eru	歩く（aruku）	→ 歩ける（arukeru）
2 グループ	ru → rareru	見る（miru）	→ 見られる（mirareru）
3 グループ	する → できる、来る → 来られる		

Verbs such as "わかる," "知る," "見える" and "聞こえる" do not take the potential form.

像 "わかる" "知る" "见える" "聞こえる" 这样的动词，没有可能形。

Những động từ như「わかる」「知る」「見える」「聞こえる」không dùng thể khả năng được.

- このレクチャーを聞けば、歌舞伎のことがよく**わかります**。
  か ぶ き
- オペラグラスがあれば、遠い席からもよく**見えます**。
  とお せき

When using a transitive verb, the object of the verb that expresses potential generally is expressed with "が" not "を."

他动词的情况，比如下面的例子，不用 "を"，而是多会用 "が" 来表示可能的动作对象。

Trường hợp dùng tha động từ, giống như ví dụ bên dưới, để thể hiện khả năng thực hiện một sự việc chúng ta thường dùng với trợ từ「が」thay vì dùng trợ từ「を」.

- 上野公園では、美しい桜の写真が**とれます**。
  うえ の こうえん   うつく さくら しゃしん
- 国立劇場では、安く歌舞伎が**見られます**。
  こくりつげきじょう   か ぶ き

ある条件のとき、何ができるか／必要かを言う（1）
じょうけん   ひつよう

Saying What Can or Needs to be Done Under Certain Conditions (1) / 在某种条件下，说说能做什么 / 什么是必要的 (1) / Nói về việc gì có thể làm hay cần thiết trong một điều kiện nào đó (1)

「〜なら」

Use "〜なら" to indicate that what can/needs to be done due to conditions such as position, qualifications, or content. "〜" can be nouns, adjectives, and the dictionary form or ない form of verbs.

根据立场或是资格，内容等条件来看，在表达能做的事和必要的东西是会变化的时候，用 "〜なら"。在 "〜" 中加入名词，形容词・动词的原形・否定形等。

Khi muốn diễn đạt một vấn đề mà có khả năng thực hiện hay những điều cần thiết có thể thay đổi tùy theo điều kiện lập trường, tư cách, nội dung thì khi đó chúng ta sử dụng「〜なら」. Ở vị trí「〜」, chúng ta có thể sử dụng thể từ điển của danh từ, tính từ, động từ, thể "nai".

- 学生**なら**、1,800 円で歌舞伎が見られます。
  か ぶ き
- 風鈴を作る**なら**、予約が必要です。
  ふうりん つく   よ やく ひつよう
- 着物を着たい**なら**、お金がかかります。
  きもの き

ある条件のとき、何ができるか／必要かを言う（2）

ある条件のとき、何ができるか／必要かを言う（2）
じょうけん　　　　　　　　　　　　　　　　ひつよう

Saying What Can or Needs to be Done Under Certain Conditions (2) /
在某种条件下，说说能做什么／什么是必要的（2）/
Nói về việc gì có thể làm hay cần thiết trong một điều kiện nào đó (2)

「～ば」

「～ば」の作り方 つく かた		
1 グループ	u → eba	買う(kau) → 買えば(kaeba)
2 グループ	ru → reba	借りる(kariru) → 借りれば(karireba)
3 グループ	する → すれば、来る → 来れば	
い形容詞 けいようし	i → kereba	安い(yasui) → 安ければ(yasukereba)

"～ば" is used just like "～なら" to indicate that what can be done under given conditions. Nouns and な-adjectives generally use "～なら," but "～であれば" is sometimes used.

和 "～なら" 一样，根据条件来看，当表达能做的事情是会变化的事情的时候，用 "～ば"。名词和な形容词时，一般会使用 "～なら"，也有时会使用 "～であれば"。

Cũng giống như 「～なら」, để diễn tả ý tùy theo điều kiện mà khả năng thực hiện một việc gì có thể thay đổi chúng ta dùng 「～ば」. Danh từ và tính từ "na" thường dùng với 「～なら」, nhưng cũng có thể dùng theo hình thức 「～であれば」.

・予約すれば、イベントに参加できます。
　よやく　　　　　　　　　　　　さんか
・予約しなければ、イベントに参加できません。
　よやく　　　　　　　　　　　　　さんか
・学生であれば、安く歌舞伎が見られます。
　がくせい　　　　　　　　かぶき

方法や料金を言う

方法や料金を言う
ほうほう　りょうきん

Saying Methods and Fees / 说说方法和费用 / Nói về cách thức và chi phí

「～で」

Means, methods and fees can be expressed using the particle "で."

格助词 "で" 能用来表达方式・方法，费用。

Chúng ta dùng trợ từ 「で」 để nó về cách thức, phương tiện, chi phí.

＜手段・方法＞
しゅだん　ほうほう
予約方法　：歌舞伎は、{インターネットで／電話で} 予約します。
よやくほうほう　　かぶき　　　　　　　　　　　　　　　よやく
行き方　　：劇場には、{電車で／バスで／徒歩で} 行きます。
かた　　　　げきじょう　　　　でんしゃ　　　　　　とほ
できること：日本語がわからない人は、イヤホン・ガイドで英語の説明を聞くことができ
　　　　　　　　　　　　　　　　　　　　　　　　　　　　えいご　せつめい
　　　　　　ます。

＜料金＞
りょうきん
・茶道は、800円で体験できます。
　さどう　　　　　　たいけん
・浅草寺は、無料で見学できます。
　せんそうじ　むりょう　けんがく

38

Step 4 # 発　表
はっ　　ぴょう

◆ Presentation

Lesson 2　日本の伝統文化にふれよう

1 発表をしましょう。
はっぴょう

発表のながれ
はっぴょう

1	クラスメートに、自分たちが考えた計画について発表します。 じぶん　かんが　けいかく　　はっぴょう
2	聞いている人は、発表しているグループの計画のポイントを、下の はっぴょう　　　　　　　けいかく ワークシートにメモします。
3	発表が終わったら、以下の点についてグループで話し合いをします。 はっぴょう　お　　　　　いか　てん ・よく聞こえなかったところ、わからなかったところ ・もっと知りたいと思ったところ 　　　　　し　　　　　おも ・発表を聞いて思ったこと 　はっぴょう　き　おも
4	グループごとに質問をしたり、コメントをしたりします。発表者は質 しつもん　　　　　　　　　　　　　　　　　　　　はっぴょうしゃ　しつ 問に答えます。 もん　こた

他のグループの計画のポイントをメモしましょう。
ほか　　　　　　けいかく

グループ	
場所や内容 ばしょ　ないよう	
予約 よやく	必要　／　必要ない ひつよう　　　ひつよう
料金 りょうきん	（　　　　　　　　　）円
体験の時間 たいけん	（　　　　　　　　　）時間
行き方 かた	（　電車　／　バス　／　徒歩　／　　　　　　　　　）で行く。 　　　　　　　　　　　　　とほ （　　　　　　　　　　）から、片道（　　　　　　）時間かかる。 　　　　　　　　　　　　　かたみち
持ち物／注意点 も　もの　ちゅういてん	

39

ふりかえり

この課の目標をもう一度ふりかえりましょう。できましたか、できませんでしたか。

この課の目標

日本を知ろう！	◎	○	△
日本の伝統文化にはどのようなものがあるのかを知る			
日本の伝統芸能「歌舞伎」について知る			
日本の伝統文化を体験できる場所や、その内容について知る			

日本語を使おう！	◎	○	△
日本の伝統文化に関することばを覚える			
歌舞伎についての説明文を読んで理解する			
可能や条件の表現が使えるようになる			
日本の伝統文化を楽しむための情報を集めて、プレゼンテーションをする			

この課で学べたこと、よくわかったこと

Lesson 3

いろいろな食文化を知ろう
しょくぶん か し

食の多様性について学ぶ
しょく たようせい まな

この課の目標
か もくひょう

日本を知ろう！
し

日本の料理や食材について知る りょうり しょくざい し	Learn about Japanese food and ingredients 了解日本的料理与食材 Tìm hiểu về nguyên vật liệu và món ăn Nhật Bản
いろいろな食文化について知る しょくぶん か し	Learn about different food cultures 了解各式各样的饮食文化 Tìm hiểu về văn hóa ẩm thực đa dạng
それぞれの食文化をもった人たちが、日本で しょくぶん か 食事をするときに注意することを知る しょく じ ちゅう い し	Learn what people of different food cultures pay attention to when eating in Japan 了解不同饮食文化背景下的人在日本就餐时的注意事项 Tìm hiểu về những người có nền ẩm thực khác nhau, khi họ ăn uống tại Nhật thì họ chú ý những gì

日本語を使おう！
つか

日本の料理や食材のことばを覚える りょうり しょくざい おぼ	Learn words for Japanese food and ingredients 掌握日本的料理与食材相关的词汇 Nhớ những từ vựng về món ăn và nguyên vật liệu Nhật Bản
食文化についての説明文を読んで理解する しょくぶん か せつめいぶん よ りかい	Read and understand explanations about food culture 阅读并理解饮食文化相关的说明文 Đọc hiểu những bài giải thích về ẩm thực Nhật Bản
禁止や注意の表現が使えるようになる きん し ちゅう い ひょうげん つか	Learn to use expressions for prohibitions and warnings 学会使用禁止与注意的表达 Vận dụng được những cách nói về cấm đoán hay chú ý
食文化についてわかったことをまとめて、プレ しょくぶん か ゼンテーションをする	Summarize and present what you have learned about food culture 总结饮食文化上的领悟，并做演讲 Tóm tắt những cái đã hiểu về văn hóa ẩm thực và phát biểu

ウォーミングアップ

● ことば ●

1 下の写真は日本人がよく食べる料理の例です。それぞれの料理の名前を
知っていますか。

> それぞれの：each／各自的／
> từng cái

活動
かつどう

1 クラスメートと経験について話しましょう。
けいけん

1）日本の食べ物・料理の中で好きなものはありますか。食べられな
もの　りょうり　　　　　す
いものはありますか。

好きなもの：
す

食べられないもの：

2）日本の食事で、何か困ったこと、不満に思っていることがありま
しょくじ　　　　こま　　　　　ふ　まん　おも
すか。

例）食べ物が少し塩からい。
れい　　もの　　　　しお
お店に箸しかないと、食べにくい。
はし

不満に思う：to feel
ふまん　おも
dissatisfied/感到不
満意/không vừa ý

塩からい：too salty/咸辣/
しお
mặn

2 外国人が日本で食事をするとき、どのようなことで困るでしょうか。次の例から考えましょう。
こま　　　　　　つぎ　れい　　　かんが
エリーさんは、イギリス人です。日本の大学で勉強している留学生です。田中さんは、日本人です。
べんきょう　　　りゅうがくせい　　た なか
エリーさんのホストファザーです。

① エリーさんと田中さんに、どのようなことがあったと思いますか。イラストを見て、予想しま
た なか　　　　　　　　　　　　おも　　　　　　　　　　　　　　　よそう
しょう。

Lesson 3　いろいろな食文化を知ろう

43

② 下のことばを確認してから、二人にどのようなことがあったか、
かくにん
話を聞きましょう。

 音声
おんせい

《 ことば 》

1	チャーシュー	roast pork filet	叉烧	thịt xá xíu
2	なると	steamed fish cake	鸣门卷	chả cá
3	貼る は	to put up, stick on	贴, 粘贴	dán
4	気づく き	to notice	察觉到	để ý thấy, nhận ra
5	自慢 じ まん	boast	自荐, 得意	tự hào
6	骨 ほね	bones	骨头	xương
7	だし	broth	高汤	nước dùng
8	はげしく	fiercely	激动, 冲动, 激烈	dữ dội, to, lớn
9	実は じっ	in fact	老实说, 说实在的	thật ra
10	エキス	extract	提取物, 浓缩物, 精华	tinh chất

③ 話を聞いて、わかったことを書いてください。

1）エリーさんはどんなラーメンを食べましたか。そのラーメンの
材料 は何ですか。
ざいりょう

材料：ingredients/材料
ざいりょう　（这里指食材）/
nguyên liệu

2）エリーさんはどうして泣いてしまったのでしょうか。
な

④ 読みましょう。

「お肉は入っていないのに…」
にく

1　田中さんは、イギリスから来た留学生エリーさんのホストファザーです。ある日、エリー
　た なか　　　　　　　　　　　　　　　　　りゅうがくせい
さんが「日本のラーメンが食べてみたい」と言ったので、一緒にラーメン屋に行くことにし
　　　　　　　　　　　　　　　　　　　　　　　　　　いっしょ　　　　　　や
ました。

　エリーさんは、肉や魚が食べられません。そこで、田中さんは「野菜ラーメン」を注文
　　　　　　　にく　さかな　　　　　　　　　　　　　た なか　　　　や さい　　　　　　　　ちゅうもん
5　しました。豚肉で作った「チャーシュー」や、魚から作られる「なると」などが入っていな
　　　　　ぶたにく　つく　　　　　　　　　　　　　　さかな　つく
い、野菜だけのラーメンです。
　　や さい

　エリーさんと田中さんは、ラーメンをおいしく食べました。しかし、食べ終わった後で、
　　　　　　　　た なか　　　　　　　　　　　　　　　　　　　　　　　　　お　　　　あと
エリーさんは壁に貼ってある野菜ラーメンのポスターに気づきました。そこには、
　　　　　　かべ　は　　　　　や さい　　　　　　　　　き

　「とりのスープが自慢！」
　　　　　　　じ まん

10　と書いてありました。エリーさんは、その言葉の意味を田中さんに聞きました。そこで、田
　　　　　　　　　　　　　　　　　　ことば　い み　た なか　　　　　　　　　　　た
中さんは「にわとりの骨からだしをとってスープを作っている」と説明しました。すると、
なか　　　　　　　　ほね　　　　　　　　　　　　　　　つく　　　　　　せつめい
エリーさんは急にはげしく泣き出しました。実は、エリーさんはヴィーガンで、肉や魚か
　　　　　　きゅう　　　　な　　　　　じつ　　　　　　　　　　　　　　　にく
らとったエキスが入っている食べ物も食べられないのです。
　　　　　　　　　　　　　もの

　肉や魚が入っていなければいいと思っていた田中さんは、エリーさんがどうして泣いてい
　にく　　　　　　　　　　　　おも　　　　た なか　　　　　　　　　　　　　　　な
15　るのかわかりません。田中さんは、すっかり困ってしまいました。
　　　　　　　　　た なか　　　　　　　こま

⑤ クラスメートと話し合いましょう。
　　　　　　　　あ

　　１）どうしてこのようなことが起こったのでしょうか。
　　　　　　　　　　　　　　　お
　　２）このようにならないためには、お互い、どうすればよかったで
　　　　　　　　　　　　　　　　たが
　　　しょうか。

起こる：to happen／発生／
お　　　　　　　　　　　　xảy ra

お互い：each other／相互／
たが　　　　　　　　　　cùng nhau

1 読む前に考えましょう。

① 下の絵は、何の食材を表しているでしょうか。日本語で言えますか。

食材：ingredients／食材／
nguyên liệu, đồ ăn

肉			
野菜			
魚介類			
乳製品			
その他			

② 宗教や考え方によって、避けられている食べ物があります。それぞれ、どのような食べ物が避けられているか、知っていることを話し合いましょう。

宗教：religion／宗教／tôn
giáo

避ける：to avoid／避开,回
避／tránh

宗教				考え方
イスラム教	ヒンドゥー教	仏教	ユダヤ教	ベジタリアン
Islam 伊斯兰教 đạo Islam	Hinduism 印度教 đạo Hindu	Buddhism 佛教 Phật giáo	Judaism 犹太教 Do Thái giáo	vegetarian 素食主义者 người ăn chay

🏺 **1 イスラム教の食文化**

1 **基本的な情報**

　ムスリム（＝イスラム教徒）にとって宗教は生活の基本です。食事には様々なルールがあり、食材にもとても気をつかいます。「ラマダン」と呼ばれる期間は、日中、食べ物を食べることも、水を飲むことも禁止されています。日が落ちてから、たくさんの食事をとり

5 ます。

　ムスリムが食べてはいけない食べ物

　ムスリムが食べてはいけない食材は、豚、アルコール、血液、ハラールミートではない肉です。この４つの食材はコーランで禁止されています。豚は見るのもいやがる人が多く、ブイヨン、ゼラチン、ラードなど、豚の骨や脂が使われた食材も食べることができません。

10 アルコールは調味料として使うことも禁止されています。

　ウナギ、イカ、タコ、貝類、漬物などの発酵食品は、禁止されてはいませんが、ムスリムが避ける食材として知られています。

　ハラールフード

　「ハラール」は「イスラム法で許可された」という意味です。イスラム法で許可された食

15 べ物を「ハラールフード」と言います。野菜や果物、ほとんどの魚はハラールフードです。

基本的（な）：basic/基本的/cơ bản

情報：information/信息/thông tin

〜教徒：〜believer/〜信徒/tín đồ 〜

気をつかう：to pay attention to/关照/để ý, cẩn thận

期間：period/期间/khoảng thời gian

日中：during the day/白天/trong ngày

日が落ちる：sundown/太阳下山,傍晚/mặt trời lặn

血液：blood/血液/huyết, tiết

コーラン：Koran/古兰经/Hồi giáo

いやがる：to dislike/不喜欢/ghét

ブイヨン：bouillon/特指西方文化中的肉汤/nước cốt, nước dùng

ゼラチン：gelatin/明胶/gelatin

ラード：lard/猪油/mỡ heo

脂：fat/脂肪,油脂/mỡ

調味料：seasonings/调味料/gia vị

漬物：pickles/腌制品/đồ chua

発酵食品：fermented foods/发酵食品/thực phẩm lên men

イスラム法：Islamic law/伊斯兰教条/giáo luật đạo Islam

許可する：to allow/许可,允许,准许/cho phép

② ヒンドゥー教の食文化
きょう　しょくぶんか

1　基本的な情報
きほんてき　じょうほう

　　ヒンドゥー教徒は、食材だけではなく、いつ食事をするか、だれと一緒に食べるかにも
きょうと　　　しょくざい　　　　　　　　　　しょくじ　　　　　　　　　　　　　いっしょ　た
気をつかいます。肉を食べない人が多く、ノンベジタリアンの人と一緒に食事することをい
き　　　　　　にく　た　　　　　　　　　　　　　　　　　　　　　　　いっしょ　しょくじ
やがる人もいます。家庭で食事することを好む人が多いのは、外食の場合、その店の調理
　　　　　　　　かてい　しょくじ　　　　この　　　　　　　がいしょく　ばあい　　　　みせ　ちょうり
5　器具で肉を調理したかもしれないからです。
きぐ　にく　ちょうり

　　ヒンドゥー教徒が食べてはいけない食べ物
きょうと　　　　　　　　　　　もの

　　ヒンドゥー教徒が避ける食材は、牛、豚、魚介類、卵のほか、にんにく、にら、ラッ
きょうと　さ　　しょくざい　うし　ぶた　ぎょかいるい　たまご
キョウ、たまねぎ、あさつきなど、においの強い野菜です。
つよ　やさい

　　ヒンドゥー教徒の中には肉を食べる人もいますが、食べるのはにわとり、羊、ヤギだけ
きょうと　　なか　にく　た　　　　　　　　　　た　　　　　　　　　　　ひつじ
10　です。牛は神聖な動物だと考えられているので食べません。豚は「不浄の動物」だと考え
うし　しんせい　どうぶつ　かんが　　　　　　　　た　　　　ぶた　ふじょう　どうぶつ　かんが
られているので、基本的に食べることはありません。肉だけではなく、肉からとったエキス
きほんてき　た　　　　　　　　　にく　　　　　にく
や脂が入っているものも食べないので、ブイヨン、ゼラチン、バター、ラード、ヘットなど
あぶら　はい　　　　　　　た
に注意が必要です。
ちゅうい　ひつよう

　　使ってはいけない手
つか

15　　ヒンドゥー教徒は、右手は神聖な手、左手は不浄な手と考えているので、食事の場で
きょうと　　みぎて　しんせい　て　ひだりて　ふじょう　て　かんが　　　　　　しょくじ　ば
は主に右手を使います。左手で人に食べ物をわたすのはタブーと考えられていますから、
おも　みぎて　つか　　ひだりて　　　た　もの　　　　　　　　　かんが
気をつけなければなりません。

基本的(な)：basic/基本的/cơ bản
きほんてき

情報：information/信息/thông tin
じょうほう

〜教徒：〜 believer/〜信徒/tín đồ 〜
きょうと

気をつかう：to pay attention to/关照/để ý, cẩn thận

いやがる：to dislike/不喜欢/ghét

好む：to prefer/喜爱, 喜好/thích
この

調理器具：cookware/烹饪用具/dụng cụ nấu nướng
ちょうりきぐ

調理する：to cook/烹饪, 烹调/nấu nướng
ちょうり

にら：Chinese chives/韭菜/hẹ

ラッキョウ：Japanese leeks/荞头/củ kiệu

たまねぎ：onion/洋葱/hành tây

あさつき：chives/细葱, 细香葱/hành lá

羊：sheep/绵羊/cừu
ひつじ

ヤギ：goat/山羊/dê

神聖(な)：sacred/神圣的/thần thánh
しんせい

不浄の：unholy/不洁净的, 污秽的/không sạch sẽ
ふじょう

脂：fat/油脂, 脂肪/mỡ
あぶら

ブイヨン：bouillon/特指西方文化中的肉汤/nước cốt,
　　　　　nước dùng

ゼラチン：gelatin/明胶/gelatin

ラード：lard/猪油/mỡ heo

ヘット：beef drippings/牛油/mỡ bò

主に：mainly/主要/chủ yếu
おも

③ 仏教の食文化
ぶっきょう　しょくぶん か

1　基本的な情報
きほんてき　じょうほう

　仏教では生き物を殺すことを禁止していたため、野菜や豆類などの植物性食品を使用し
ぶっきょう　い もの ころ　　　　　 きん し　　　 や さい　まめるい　　　しょくぶつせいしょくひん　し よう
て作る料理が生まれましたが、現代では肉を食べる人が増えています。しかし今でも、厳し
つく りょう り　　　　　　　　　　　　 げんだい　 にく た　　 ふ　　　　　　　　　　　　　　　　　 きび
い仏教徒は、食事を修行のひとつとして考えて生活しています。
ぶっきょう と　　しょくじ　しゅぎょう　　　　　　　　 かんが　　せいかつ

5　仏教徒が食べてはいけない食べ物
ぶっきょう と　　　　　　　　　　 もの

　仏教の食事といえば「精進料理」が有名です。精進料理には、肉、魚、卵などは使
ぶっきょう しょくじ　　　　しょうじんりょう り　　ゆうめい　 しょうじんりょう り　　 にく　 たまご　　　 つか
われません。また、においの強い5つの野菜（にんにく、にら、ラッキョウ、たまねぎ、あ
つよ　　　　　や さい
さつき）は避けられます。これらの野菜を食べないのは、強いにおいが修行のじゃまをする
さ　　　　　　　　　　　　　 や さい　 た　　　　　　 つよ　　　　　　しゅぎょう
からという説や、精をつける食材をきらうためという説などがあります。
せつ　　せい　　　しょくざい　　　　　　　　せつ

10　もどき料理
りょう り

　精進料理では肉、魚などの食材が使えないため、植物性食品を使い、見た目や食感が
しょうじんりょう り　 にく　 さかな　　しょくざい　 つか　　　　　しょくぶつせいしょくひん つか　み め　しょっかん
肉に似ている料理が生まれました。これを「もどき料理」と呼んでいます。日本で一番有
にく に　　　　 りょう り　　　　　　　　　　　　　 りょう り　 よ　　　　　 いちばんゆう
名なもどき料理は「がんもどき」です。がんもどきの材料は豆腐や野菜などですが、鳥
めい　　　りょう り　　　　　　　　　　　　　　　 ざいりょう とう ふ や さい　　　 とり
（雁）の肉の味に似ていると言われています。そのほか、コンニャクをさしみのかわりに食
がん　　にく あじ に　　　　　　　　　　　　　　　　　　　　　　　　　　　　　
15　べたりします。

基本的（な）：basic/基本的/cơ bản
きほんてき

情報：information/信息/thông tin
じょうほう

豆類：beans/豆类/các loại đậu
まめるい

植物性食品：plant-based foods/植物性食品/thực phẩm
しょくぶつせいしょくひん
　　tính thực vật

使用する：to use/使用/sử dụng
し よう

〜教徒：〜 believer/〜信徒/tín đồ 〜
きょう と

修行：practice/修行,修炼/tu hành
しゅぎょう

精進料理：vegetarian cooking for Buddhist/斋菜,素菜/
しょうじんりょう り
　　món chay

にら：Chinese chives/韭菜/hẹ

ラッキョウ：Japanese leeks/荞头/củ kiệu

たまねぎ：onion/洋葱/hành tây

あさつき：chives/细葱,细香葱/hành lá

説：Idea, view, theory/说法,主张,意见/truyền thuyết,
せつ
　　thuyết

精をつける：to invigorate/充满活力,使精力充沛/làm
せい
　　cho khỏe mạnh

きらう：to dislike/避讳,忌讳/ghét

見た目：appearance/外观,外表/bề ngoài
み め

食感：texture/口感/cảm giác khi ăn
しょっかん

雁：goose/雁,大雁/ngỗng trời
がん

コンニャク：konnyaku, devil's tongue/魔芋/konnyaku
　　(konjac)

さしみ：sashimi, raw fish slices/生鱼片/sashimi (món cá
　　sống)

4 ユダヤ教の食文化
きょう しょくぶんか

1 ## 基本的な情報
きほんてき じょうほう

ユダヤ教には「カシュルート」と呼ばれる食事のルールがあって、食べていいものと食
きょう よ しょく

べてはいけないものが厳しく区別されています。正しい食材を選ぶのは主婦の仕事で、食べ
きび くべつ ただ しょくざい えら しゅふ しごと

ていいかわからない食材は、ラビ（＝ユダヤの宗教リーダー）に相談します。
しょくざい しゅうきょう そうだん

5 ## ユダヤ教徒が食べてはいけない食べ物
きょうと もの

豚、血液、イカ、タコ、エビ、カニ、ウナギ、貝類、ウサギ、馬、そしてユダヤ教のルー
ぶた けつえき かいるい うま きょう

ルによって適切に処理されていない肉は食べてはいけません。血液は「不浄のもの」と思
てきせつ しょり にく けつえき ふじょう おも

われているので、肉や魚の調理方法には気をつけなければいけません。「カニかまぼこ」な
にく ちょうりほうほう

どは、本当にカニが使われていない場合もいやがられます。
ほんとう つか ばあい

10 また、「お腹の中で乳製品と肉料理が一緒になってはいけない」というルールがあるの
なか にゅうせいひん にくりょうり いっしょ

で、牛乳やチーズと肉を組み合わせた料理を食べてはいけません。
ぎゅうにゅう にく く あ りょうり

断食
だんじき

ユダヤ教には年に6回の断食の日があり、全ての飲食が禁止されています。また、「過
きょう ねん かい だんじき すべ いんしょく きんし すぎ

越のまつり」の間は、イースト菌が入ったものを食べることを避けます。食器も特別なもの
こし きん さ しょっき とくべつ

15 を使わなければなりません。
つか

基本的（な）：basic/基本的/cơ bản
きほんてき

情報：information/信息/thông tin
じょうほう

区別する：to distinguish, differentiate/区别, 区分, 分别/
くべつ phân biệt

主婦：housewife/家庭主妇/nội trợ
しゅふ

〜教徒：~ believer/〜信徒/tín đồ ~
きょうと

血液：blood/血液/huyết, tiết
けつえき

ウサギ：rabbit/兔/兔子/thỏ

馬：horse/马/ngựa
うま

適切に：properly/恰当地/đàng hoàng
てきせつ

処理する：to dispose of/处理, 处置/xử lý, làm
しょり

不浄の：impure/不洁净的, 污秽的/không sạch sẽ
ふじょう

調理方法：cooking method/烹饪方法, 烹调方法/cách chế
ちょうりほうほう biến

カニかまぼこ：imitation crab/蟹味棒/món chả giả cua
(kani kamaboko)

いやがる：to dislike/不喜欢/ghét

組み合わせる：to combine/组合/trộn chung, ghép chung
くあ

断食：fasting/断食, 绝食/nhịn ăn
だんじき

飲食：eating and drinking/饮食, 吃喝/ăn uống
いんしょく

過越のまつり：Passover/逾越节/lễ Vượt qua
すぎこし

イースト菌：yeast/酵母菌/men nở
きん

食器：tableware/餐具/chén bát
しょっき

⑤ ベジタリアンの食習慣
しょくしゅうかん

1　基本的な情報
きほんてき　　じょうほう

　　植物性食品だけを食べる人をベジタリアンと言います。宗教のため、または、健康の
しょくぶつせいしょくひん　　　　　　　　　　　　　　　　　　しゅうきょう　　　　　　　　　けんこう
ためにベジタリアンになる人だけでなく、最近ではアニマルライツ（動物の権利）を守る、
さいきん　　　　　　　　　　どうぶつ　けんり　　まも
環境を守るという理由からベジタリアンになる人も増えています。肉を生産するために、多
かんきょう　まも　　　　りゆう　　　　　　　　　　　　　　　ふ　　　　　　にく　せいさん
5　くの二酸化炭素（CO₂）が出されると言われているからです。
にさんかたんそ

　　ベジタリアンの種類
しゅるい

　　植物性食品と、乳製品や卵を食べる「ラクト・オボ・ベジタリアン」が基本的なベジ
しょくぶつせいしょくひん　　にゅうせいひん　たまご　　　　　　　　　　　　　　　　　　きほんてき
タリアンとして有名ですが、全ての動物性食品（肉類・魚介類・乳製品・卵など）やはち
ゆうめい　　　すべ　どうぶつせいしょくひん　にくるい　ぎょかいるい　にゅうせいひん　たまご
みつなども食べず、動物の皮から作られる革製品も使わない「ヴィーガン」も最近増えてい
どうぶつ　かわ　つく　かわせいひん　つか　　　　　　　　　　　　　　　　さいきんふ
10　ます。

　　厳しいベジタリアン
きび

　　一部のベジタリアンは、じゃがいも、にんじん、しょうが、にんにく、さつまいもなどの
いちぶ
地中の野菜類も避けます。インドのジャイナ教では、これらの根菜を掘りおこすときに小
ちちゅう　やさいるい　さ　　　　　　　　　　　　　きょう　　　　　　　こんさい　ほ
さな生き物を殺してしまうかもしれないため、食べることが禁止されています。
い　もの　ころ　　　　　　　　　　　　　　　きんし

基本的（な）：basic/基本的/cơ bản
きほんてき
情報：information/信息/thông tin
じょうほう
植物性食品：plant-based foods/植物性食品/thực phẩm
しょくぶつせいしょくひん　　　　tính thực vật
健康：health/健康/sức khỏe
けんこう
権利：rights/权利/quyền lợi
けんり
守る：to protect/守护/giữ gìn, bảo vệ
まも
環境：environment/环境/môi trường
かんきょう
生産する：to produce/生产，产出/sản sinh, làm ra
せいさん
種類：type/类别/loại, chủng loại
しゅるい
動物性食品：animal products/动物性食品/thực phẩm
どうぶつせいしょくひん　　　　tính động vật

皮：hide, skin/皮，表皮/da
かわ
革製品：leather products/皮革制品/sản phẩm làm bằng da
かわせいひん
一部の：some/一部分的/một phần
いちぶ
しょうが：ginger/生姜/gừng
さつまいも：sweet potatoes/番薯，红薯，地瓜/khoai lang
地中：in the ground/地下，地里/trong lòng đất
ちちゅう
ジャイナ教：Jainism/耆那教/Kỳ Na giáo
きょう
根菜：root crops/根菜，生长在土里的菜的总称/rau dạng
こんさい　　　củ
掘りおこす：to dig up/掘出/đào bới
ほ

3 グループで話しましょう。

① 選んだ宗教や考え方で食べてはいけないものは何ですか。下に書きましょう。

（　　　　　　　　　　　　）の人が食べてはいけないもの：

② 下の写真は、日本の学生食堂（カフェテリア）の料理の例です。選んだ宗教や考え方では、これらの料理を食べることができると思いますか。下の表に予想を書きましょう。

1. カレーライス

2. 鮭丼
　　さけ どん

3. かきあげうどん

4. しょうゆラーメン

料理の名前	予想
1. カレーライス	○ ／ ×
2. 鮭丼	○ ／ ×
3. かきあげうどん	○ ／ ×
4. しょうゆラーメン	○ ／ ×

③ 下の材料を見て、②の予想が合っていたか確かめましょう。

確かめる：to make sure/
確认/kiểm tra, xác
nhận

1. カレーライス

ごはん、牛肉、じゃがいも、にんじん、たまねぎ、小麦粉、砂糖、塩、
トマトペースト、香辛料、カレー粉、にんにく

rice, beef, potatoes, carrots, onions, flour, sugar, salt, tomato paste, spices, curry powder, garlic
米饭、牛肉、土豆、胡萝卜、洋葱、小麦粉、白砂糖、食盐、番茄浓缩汁、香辣调味料、咖喱粉、大蒜
cơm, thịt bò, khoai lang, cà rốt, hành tây, bột mì, đường, muối, sốt cà chua, gia vị, bột cà ri, tỏi

2. 鮭丼

ごはん、鮭、のり、しょうゆ、酢、かつおエキス、塩

rice, salmon, seaweed, soy sauce, vinegar, bonito extract, salt
米饭、鲑鱼、海苔丝、酱油、醋、鲣鱼精华、食盐
cơm, cá hồi, rong biển khô, shoyu, giấm, bột nêm cá ngừ, muối

3. かきあげうどん

にんじん、たまねぎ、じゃがいも、ごぼう、ねぎ、わかめ、小麦粉、
卵、しょうゆ、砂糖、酒、かつおエキス、さばエキス、こんぶ

carrot, onion, potato, burdock root, leek, wakame seaweed, wheat flour, egg, soy sauce, sugar, sake, bonito extract, mackerel extract, kelp
胡萝卜、洋葱、土豆、牛蒡、葱、裙带菜、小麦粉、鸡蛋、酱油、白砂糖、酒、鲣鱼精华、青花鱼精华、海带
cà rốt, hành tây, khoai tây, củ ngưu bàng (gobo), hành, rong biển, trứng, bột mì, shoyu, đường, rượu, bột nêm cá ngừ, bột nêm cá saba, thố tai

4. しょうゆラーメン

豚肉、たけのこ、ねぎ、小麦粉、卵白粉、しょうゆ、砂糖、塩、
みりん、ポークエキス、チキンエキス

pork, bamboo shoots, green onion, wheat flour, egg white powder, soy sauce, sugar, salt, mirin, pork extract, chicken extract
猪肉、笋、葱、小麦粉、蛋白粉、酱油、白砂糖、食盐、甜料酒、猪肉精华、鸡肉精华
thịt heo, măng, hành, bột mì, bột lòng trắng trứng, shoyu, đường, muối, rượu mirin, bột nêm thịt heo, bột nêm thịt gà

東京外国語大学の学生食堂のメニューより

準備
（じゅんび）

1 下のパワーポイントを例にして、発表する内容をパワーポイントにまとめましょう。パワーポイントの文は普通体を使います。
（れい）（はっぴょう）（ないよう）
（ぶん ふつうたい つか）

① タイトルと名前

> # キリスト教の食文化
>
> ---
> グループ：「もぐもぐグループ」
> メンバー：ユンジ、レベッカ
> ---

② その食文化についての基本的な情報
（しょくぶんか）（きほんてき じょうほう）

> キリスト教の食文化●
>
> 昔：イースター（Easter）前の40日間のレント（Lent）には
> 断食をする、肉を食べない、などの習慣があった
>
> → 現在：基本的に食事は自由
>
> ★一部の宗派（branch）：今でも食べないものがある
>
> 1●

→ スライドのタイトル

→ 「イースター」のような特別なカタカナ語には、元の単語を書きましょう。
（とくべつ）
（もと たんご）
元の単語：original word／原本的词／từ gốc
（もと たんご）

→ 「宗派」のような難しい言葉には、英語訳を書きましょう。
（しゅうは）（むずか ことば）
（えいごやく）
訳：translation／翻译／dịch
（やく）

→ スライド番号をつけましょう。
（ばんごう）

③ ・その食文化で見られる習慣
（しょくぶんか）（しゅうかん）
　・食べないものや、その理由など
（りゆう）

> ## 一部のキリスト教徒が食べないもの
>
> | モルモン教 | Mormonism |
> アルコール、コーヒー、紅茶、お茶
>
> | セブンスデー・アドベンチスト教会 | Seventh-day Adventist Church |
> 肉や魚
>
> | カトリック教会 | Catholic |
> 一年に何日か肉類や乳製品を食べない日がある●
>
> 2

→ スライドでは、文にも句点（。）をつけないことが多いです。
（ぶん）（くてん）

④ ・日本での食事の注意点
　　・学生食堂の例など（p.53 に書いてあるメニューの中で食べられるものはあるか）

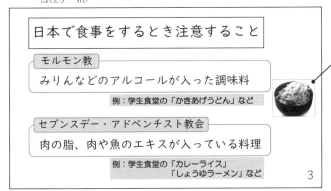

> 日本で食事をするとき注意すること
>
> モルモン教
> みりんなどのアルコールが入った調味料
> 　　　　　　　例：学生食堂の「かきあげうどん」など
>
> セブンスデー・アドベンチスト教会
> 肉の脂、肉や魚のエキスが入っている料理
> 　　　　　　　例：学生食堂の「カレーライス」
> 　　　　　　　　　「しょうゆラーメン」など
> 　　　　　　　　　　　　　　　　　　　　　　　3

食べ物の写真があれば、それを見せて
説明してもよいでしょう。

⑤ ・自分の食文化と日本の比較
　　・日本の食事での体験、困っていること、興味深いと思ったことなど

> 私たちの食文化と日本の食文化
>
> ユンジ（韓国）
> ・韓国の食材・調味料は日本と似ているものが多い
> ・日本は生鮮食品（特に果物）が高いと感じる
>
> レベッカ（ドイツ）
> ・ドイツではベジタリアン、ヴィーガンが増えている
> ・日本ではヴィーガンのことを知らない人が多いようだ
> ・ヴィーガンのためのスーパーなどが増えてほしい
> 　　　　　　　　　　　　　　　　　　　　　　　4

比較：comparison/比较/
　　　so sánh

体験：experience/体验/
　　　trải nghiệm

興味深い：interesting/颇
　　　　　有兴趣/có ý nghĩa

⑥ 最後のあいさつ

> ご清聴、ありがとうございました

日本では、プレゼンテーションの最後
に、このあいさつを言うことが多いです。
「自分の話を聞いてくださって、あり
がとうございました」という意味です。

55

2 例のように、パワーポイントに合わせてスクリプトを書きましょう。スク
リプトの文は丁寧体（です・ます）を使います。

合わせる：in line with
something, to match/
結合/theo

例）

①	あいさつ	みなさん、こんにちは。私たちは、「もぐもぐグループ」です。 私たちは、キリスト教の食文化について発表します。
②	その食文化 についての 基本的な情報	キリスト教では、昔はイースター前の40日間のレントと呼ばれる期間には、断食をする、もしくは肉を食べないという習慣がありました。現在は、基本的に、食事は自由です。しかし、一部の宗派では、今でも食べないものがあります。
③	食べないもの	**まず**、一部のキリスト教徒が食べないものを紹介します。モルモン教では、アルコール、コーヒー、紅茶、お茶などが**禁止されています**。セブンスデー・アドベンチスト教会では、肉や魚を食べてはいけません。カトリック教会では、一年に何日か、肉類や乳製品を食べない日があります。
④	日本で 注意すること	**次に**、日本で食事をするとき注意することをお話しします。モルモン教では、アルコールが**禁止されている**ので、みりんなどのアルコールが入った調味料を使った食べ物も食べてはいけません。例えば、テキストの学生食堂のかきあげうどんが食べられません。セブンスデー・アドベンチスト教会では、肉や魚が**禁止されている**ので、肉の脂、肉や魚のエキスが入っている食べ物も食べてはいけません。例えば、テキストの学生食堂のカレーライス**や**しょうゆラーメン**など**が食べられません。調味料に肉や魚のエキスが入っているかもしれません。食べる前に、確認する**ようにしてください**。
⑤	自分の食文化と 日本の比較	**最後に**、私たちの食文化や、日本に来て気がついたこと**について**お話しします。 ユンジです。韓国では食材や調味料が日本と似ているものが多いので、日本の食事にはあまり困っていません。私の国でも、しょうゆやみそなどを使います。ただ、日本は果物が高いので、あまり買って食べることができません。果物が好きなので、残念です。 レベッカです。私はヴィーガンです。ヴィーガンのことを知らない日本人が多いので、おどろきました。ヴィーガンの人が食べられる物を探すのが大変で、いつも困っています。日本でも、ヴィーガンのためのスーパーやレストランがもっと増えればいいと思います。 パワーポイントに書けなかったことで伝えたい情報があるときには、スクリプトに入れましょう。
⑥	あいさつ	私たちのプレゼンテーションは以上です。ご清聴ありがとうございました。

①	あいさつ	
②	その食文化 についての 基本的な情報	
③	食べないもの	
④	日本で 注意すること	
⑤	自分の食文化と 日本の比較	
⑥	あいさつ	

ひょう　げん　　　　　　　　　　　　　　　　　　　　　つか　　　　　　ひょうげん

テーマを紹介する
しょうかい

Introducing a Theme / 介绍主题 / Giới thiệu chủ đề

「～について(の)」

Use "～について" to introduce a theme or topic, such as in a survey, research, presentation, or paper. "～" should be a noun. Also, as in the second example, when modifying a noun such as "調查," "研究," "発表," or "論文," it becomes "～についての."

在介绍调查，研究，报告，论文的主题·话题的时候，用 "～について"。在 "～" 中加入名词。其次，比如在第 2 个例子中，用来修饰 "調查" "研究" "発表" "論文" 等名词的时候，用 "～についての"。

Khi giới thiệu về chủ đề hay đề tài của khảo sát, nghiên cứu, phát biểu hay luận văn thì chúng ta thường dùng 「～について」. Thường dùng danh từ trong 「～」. Giống như ví dụ số 2, khi muốn dùng bổ ngữ để bổ nghĩa cho các danh từ như 「調查」「研究」「発表」「論文」thì chúng ta sử dụng「～についての」.

・日本の宗教について {調べる／調査する／研究する／発表する／論文を書く}…
　にほん　しゅうきょう　　　　　　しら　　　　ちょうさ　　　　　けんきゅう　　　　はっぴょう　　　　ろんぶん

・明日の授業では、イスラム教の食文化についての発表をします。
　あした　じゅぎょう　　　　　　　　　きょう　しょくぶんか　　　　　　　　はっぴょう

禁止されていること・避けられていることを言う
きん し　　　　　　　　　　さ

Saying What is Prohibited or to be Avoided / 说明被禁止的或者需要避免的事情 / Nói về điều cấm đoán hay những cái cần tránh

「ーでは、～(すること)が禁止されている」
きん し

When describing things or actions that are prohibited in a certain society or community, use a passive sentence with the subject of the society or community, as in "【society】では～が禁止されている." "～" is a noun. When using a verb, the sentence becomes "the dictionary form of the verb + ことが禁止されている."

在说明被社会或社区禁止的，某个东西或某件事情的时候，会用以社会或社区作为主题的被动句 "【社会】では～が禁止されている" 来表达。在 "～" 中放入名词。当使用动词时，则会变成 "动词的原形 + ことが禁止されている" 这样的句型。

Khi muốn giải thích về những điều mà trong xã hội hay cộng đồng cấm kỵ thì chúng ta sử dụng câu bị động lấy xã hội hay cộng đồng làm chủ đề như cách nói 「【Xã hội】では～が禁止されている」. Thường dùng danh từ trong phần 「～」. Trường hợp sử dụng động từ thì 「thể từ điển của động từ + ことが禁止されている」.

・ジャイナ教では、肉食が禁止されています。
　　　　きょう　　　　にくしょく　きん し

・ヒンドゥー教では、牛肉を食べることが禁止されています。
　　　　　　きょう　　　　ぎゅうにく　　た　　　　　　　　きん し

You can also use "～てはいけない" to indicate that something is forbidden.

其次，也可以用 "～てはいけない" 来表达被禁止的某件事。

Ngoài ra, cũng có thể dùng cách nói 「～てはいけない」để thể hiện ý cấm đoán.

・ヒンドゥー教では、牛肉を食べてはいけません。
　　　　　　きょう　　　　ぎゅうにく　　た

注意する・アドバイスする
ちゅう い

Warning & Advising / 提醒・给建议 / Chú ý, khuyên răn

「～｛する／しない｝ように｛してください／気をつけましょう｝」

When you want to warn or advise people about things they should do, you can use phrases such as, "～するようにしてください" "～するように気をつけましょう" and so on. By contrast, when giving advice on what not to do, "～しないようにしてください," "～しないように気をつけましょう" or the like are used. "～" contains the dictionary form or the ない form of the verb.

在提醒，或是给他人提 "这么做比较好" 的建议的时候，用 "～するようにしてください" "～するように気をつけましょう" 等句型。反之，在提醒，或是给他人提 "不要这么做比较好" 的建议的时候，用 "～しないようにしてください" "～しないように気をつけましょう" 等句型。"～" 中可以使用动词的原形，或是否定形。

Khi muốn chú ý hay khuyên răn ai làm gì thì chúng ta sử dụng cách nói 「～するようにしてください」「～するように気をつけましょう」. Ngược lại, khi muốn khuyên răn ai đó không nên làm gì chúng ta sử dụng cách nói 「～しないようにしてください」「～しないように気をつけましょう」. Ở vị trí 「～」 chúng ta sử dụng thể từ điển của động từ hay thể "nai".

・和食の「だし」には魚が使われることが多いので、材料をよくチェックするようにし
　わ しょく　　　　　　　　　　　　つか　　　　　　　　　　　　　　ざいりょう
てください。

・アルコールが禁止されている国や宗教の人に料理を作るときは、みりんを使わないよ
　　　　　　　きん し　　　　　　　しゅうきょう　　　りょう り　　つく　　　　　　　　　　つか
うに気をつけましょう。

例をあげる
れい

Giving Examples / 举例子 / Đưa ra ví dụ

「～や―（など）」

"～や―（など）" are used when giving 2 examples to indicate that there are other options. The use of "や" implies that there is something else that applies. A similar expression is "～と―," but "～と―" is used when there are no other options and these are the only 2 that apply.

"～や―（など）" 是用来表示 "在有其他选项的情况下，取其中 2 个来举例" 的表达方式。用 "や" 来表示的举例说明，包含了 "还有其他符合（举例条件）的例子" 的意思。类似的还有 "～と―"，但 "～と―" 表示 "符合（举例条件）的例子只有（举例的）这 2 个" 的意思。

「～や―（など）」 là cách nói đưa ra 2 ví dụ tiêu biểu trong nhiều phương án khác nhau. Ví dụ sử dụng 「や」 hàm ý ngoài ra còn nhiều trường hợp khác ngoài những cái đã nêu ra. Một cách sử dụng tương tự khác là 「～と―」 nhưng 「～と―」 thì ý chỉ ngoài hai phương án đưa ra không còn phương án nào khác nữa.

・日本料理では、寿司や天ぷらなどが人気です。
　　 りょう り　　　 す し　　てん　　　　　にん き
・私は食べ物にアレルギーがあって、キウイとモモは食べられません。
　　　　　 もの

59

「まず」「次に」「最後に」／「1つ目は」「2つ目は」「3つ目は」…

When describing several items, conjunctive expressions such as "まず," "次に," and "最後に" make it easier to read. If the number of items to be introduced is clearly defined as only 2 or 3, it is easier to understand if the number of items is first stated as "〜は2つあります," and then the first item is explained as "1つ目は〜" and the second item as "2つ目は〜."

在同时说明几个项目的时候，用上"まず""次に""最後に"等接续表现会更便于阅读。当介绍的项目很明确只有两个或者三个的时候，可以先在前说明"〜は2つあります"，然后再用上"1つ目は〜""2つ目は〜"这样的说明会更方便理解。

Khi giải thích trình tự nếu chúng ta sử dụng những liên từ như là「まず」「次に」「最後に」thì sẽ dễ hiểu hơn. Khi muốn giải thích vấn đề mà số mục giải thích chỉ khoảng hai, ba cái thì ban đầu chúng ta nói số mục như là「〜は2つあります」, sau đó giải thích cụ thể「1つ目は〜」「2つ目は〜」thì sẽ dễ hiểu hơn.

・**まず**、一部のキリスト教徒が食べないものを紹介します。…
いちぶ　　　　　　　　　きょうと　　　　　　　　　しょうかい
次に、日本で食事をするとき注意することをお話しします。…
つぎ　　　　しょくじ　　　　　　　ちゅうい
最後に、私たちの食文化や、日本に来て気がついたことについてお話しします。…
さいご　　　　　　しょくぶんか
・この店には、ヴィーガンの人も食べられるものが**2つあります**。**1つ目は**「ベジミート」
(veggie meat) を使ったハンバーグです。**2つ目は**「ソイチーズ」(soy cheese) と野菜のサラダ
つか　　　　　　　　　　　　　　　　　　　　　　　　　　　　　　　　　　　やさい
です。

The "〜" in "1つ目は〜です" and "2つ目は〜です" is a noun. Verbs, adjectives, etc. must be nominalized with "plain form + こと."

在"1つ目は〜です""2つ目は〜です"的"〜"中放入名词。动词或形容词等，需要将其变成"普通形+こと"的名词化形式。

「〜」ở「1つ目は〜です」「2つ目は〜です」thường là danh từ. Trường hợp động từ và tính từ thì phải danh từ hóa bằng cách「thể ngắn + こと」.

・ラーメンを食べるときには、次の3つに気をつけましょう。**1つ目は**チャーシュー（豚
肉）が入っていないこと、**2つ目は**…
にく

Step 4　発 表
はっ　ぴょう

• **Presentation**

1 発表をしましょう。
はっぴょう

発表のながれ
はっぴょう

1 クラスメートにパワーポイントを見せながら、自分たちがまとめた情
報について発表します。
ほう　　　　はっぴょう

2 聞いている人は、発表しているグループの内容のポイントを、下の
はっぴょう　　　　　　　　　　　　　　ないよう
ワークシートにメモします。

3 発表が終わったら、以下の点についてグループで話し合いをします。
はっぴょう　お　　　　いか　てん　　　　　　　　　　　あ

・よく聞こえなかったところ、わからなかったところ

・面白いと思ったところ
おもしろ　　おも

・発表されなかったことで、自分が知っていること
はっぴょう　　　　　　　　　　じぶん　し

4 グループごとに質問をしたり、コメントをしたりします。発表者は質
しつもん　　　　　　　　　　　　　　　　　はっぴょうしゃ　しつ
問に答えます。
もん　こた

まとめる：to summarize,
put together／总结／
tóm tắt, tổng hợp

Lesson3　いろいろな食文化を知ろう

他のグループの発表のポイントをメモしましょう。
ほか　　　　　　　　　　はっぴょう

①（　　　　　　　　　　　　）の食文化 しょくぶんか	①（　　　　　　　　　　　　）の食文化 しょくぶんか
② 禁止されていること きんし	② 禁止されていること きんし
③ 日本で食事するときの注意 しょくじ　　　　　ちゅうい	③ 日本で食事するときの注意 しょくじ　　　　　ちゅうい
④ 学生食堂のメニューについて しょくどう	④ 学生食堂のメニューについて しょくどう

ふりかえり

この課の目標をもう一度ふりかえりましょう。できましたか、できませんでしたか。

この課の目標

日本を知ろう！	◎	○	△
日本の料理や食材について知る			
いろいろな食文化について知る			
それぞれの食文化をもった人たちが、日本で食事をするときに注意することを知る			

日本語を使おう！	◎	○	△
日本の料理や食材のことばを覚える			
食文化についての説明文を読んで理解する			
禁止や注意の表現が使えるようになる			
食文化についてわかったことをまとめて、プレゼンテーションをする			

この課で学べたこと、よくわかったこと

地震から身を守ろう
じしん　　　み　まも
防災ビデオ作り
ぼうさい　　づく

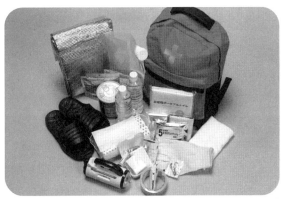

「非常用かばん」（「非常用持ち出し袋」とも言う）
ひじょうよう　　　　ひじょうようも　だ　ぶくろ

この課の目標
か　もくひょう

日本を知ろう！
し

地震に対してどのような準備が必要かを知る じしん　たい　　　　　　　じゅんび　ひつよう　し	Learn what preparations you need to make for earthquakes 了解对于地震需要做哪些必要的准备 Tìm hiểu về những chuẩn bị cần thiết để đối phó khi xảy ra động đất
地震が起きると何に困るのかを知る じしん　お　　　　こま　　　し	Learn what problems can happen in an earthquake 了解一旦发生地震时会有哪些困难的事 Tìm hiểu về những khó khăn khi xảy ra động đất
地震が起きたとき、どうすればいいのかを知る じしん　お　　　　　　　　　　　　　　し	Learn what to do in case of an earthquake 了解当地震发生后应采取什么样的举措 Khi xảy ra động đất, cần làm những gì

日本語を使おう！
つか

防災に関することばを覚える ぼうさい　かん　　　　　　おぼ	Learn words related to disaster prevention 掌握防灾的相关词汇 Nhớ những từ vựng liên quan đến để phòng thảm họa
地震についての説明文を読んで理解する じしん　　　　　せつめいぶん　よ　　　りかい	Read and understand explanations about earthquakes 阅读并理解关于地震的说明文 Đọc hiểu những bài giải thích về động đất
命令や禁止の話しことば的表現が使えるよう めいれい　きんし　はな　　　　てきひょうげん　つか になる	To be able to use spoken expressions such as commands and prohibitions 学会使用命令与禁止的口语表现 Vận dụng được những cách nói ra lệnh hay cấm đoán
防災ビデオを作って、プレゼンテーションを ぼうさい　　　　つく する	Make and present a disaster prevention video 做一个关于防灾的视频，并做演讲 Làm những khúc phim về phòng chống thảm họa và trình bày

ウォーミングアップ

● ことば ●

1 下の絵は、地震が起きたときのために準備しておいたほうがいい物です。
それぞれの名前を知っていますか。また、これらは何のために必要ですか。

> それぞれの：each/各自的/
> từng cái

①

②

③

④

⑤

⑥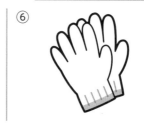

⑦

⑧

⑨

⑩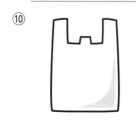

⑪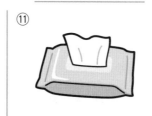

⑫

⑬

⑭

⑮

2 下の表には、準備しておいたほうがいい物の名前と、何のために必要なのかが書いてあります。名前や説明を読んで、**1** のどの絵か、当てはまる番号を書いてください。

番号	名前	何のために必要なのか
	いつも飲んでいる薬	すぐに薬が手に入らないときのため
	ウェットティッシュ	水がない場所でも手や体をきれいにするため
	お金	停電するとATMやクレジットカードが使えないことがあるため（小銭も持っていたほうがいい）
	懐中電灯	停電したときに明るくするため（新しい電池も入れておいたほうがいい）
	救急セット	けがをしたときのため
	携帯ラジオ	停電したときに情報を得るため（新しい電池も入れておいたほうがいい）
	携帯電話の充電器	停電のとき、携帯電話にチャージするため
	下着	避難所で生活するときのため
	ビニール袋	水を運ぶバケツのかわり、トイレのかわり、食器を汚さずに使うため
	食べ物	すぐに食料が手に入らないときのため
	手ぶくろ	割れたガラスなどの危険なものから手を守るため
	飲み水	水道が止まったときのため
	パスポートのコピー・在留カードのコピー	身分証明書として使うため
	マスク	ほこりから体を守るため、病気の予防のため
	ヘルメット	上から落ちてくる物から頭を守るため

当てはまる：corresponding/対応/thích hợp

手に入る：to get, obtain/入手, 得到/có được

停電する：power outage/停电/cúp điện

小銭：small change/零钱/tiền lẻ

電池：batteries/干电池/pin

情報：information/信息/thông tin

得る：to get, obtain/得到, 获得/có được

避難所：shelter/避难所/nơi lánh nạn

バケツ：buckets/水桶/cái xô

食器：tableware/餐具/chén bát

汚す：to contaminate, make dirty/弄脏/làm dơ

守る：to protect/守护/bảo vệ, giữ gìn

身分証明書：identification/身份证/giấy tờ tùy thân, ID

ほこり：dust/灰尘/bụi

予防：prevention/预防/phòng chống

Lesson 4　地震から身を守ろう

65

活動
かつどう

1 クラスメートと話しましょう。

1）今までに、地震を体験したことがありますか。
　　　　　　　じしん　たいけん

2）地震が起きたとき、どんなことに困ると思いますか。
　　じしん　お　　　　　　　　　　　　　こま　　おも

3）地震が起きたとき、どうすればいいか知っていますか。
　　じしん　お　　　　　　　　　　　　　　　　し

体験する：to experience/
たいけん
体验/trải nghiệm,
kinh qua

2 大きな地震が起きたとき、日本にいた外国人がどんなことに困ったのかを読んでみましょう。
　　　　　　じしん　お

地震のとき、すぐに外に逃げようとしたが、日本人に「動いてはい
じしん　　　　　　　　に　　　　　　　　　　　　　　うご
けない」と言われた。自分の国では、建物の外に逃げようとする人
　　　　　　　じぶん　くに　　たてもの
が多いと思う。どうすればいいのかわからなくて不安だった。
おお　　おも　　　　　　　　　　　　　　　　　　　　　ふあん

不安（な）：anxious/不安/bất an
ふあん

家へ帰りたいのに電車が動かなくて困った。避難所で夜を過ごそう
いえ　かえ　　　　　でんしゃ　うご　　　　こま　　ひなんじょ　よる　す
と思ったが、避難所の場所や行き方がわからなかった。まわりの人
おも　　　　　ひなんじょ　ばしょ　い　かた
が移動するのを見て私も一緒に行ったが、日本語の指示がわからな
いどう　　　　　み　　　　いっしょ　い　　　　　　　　　しじ
いので大変だった。
たいへん

過ごす：to spend/度过/trải qua　　　移動する：to move/移动/di chuyển
す　　　　　　　　　　　　　　　　　　いどう
指示：instructions/指示/hướng dẫn, chỉ thị
しじ

正しい情報を早く知りたかったが、Wi-Fi がつながらないので困っ
ただ　じょうほう　はや　し　　　　　　　　　　　　　　　　　　　こま
た。その週はどの店もトイレットペーパー、牛乳、パンなどが売
しゅう　　　　　　　　　　　　　　　　　ぎゅうにゅう　　　　　　　う
り切れていて、日用品や食べ物を手に入れるのが大変だった。
き　　　　にちようひん　た　もの　て　い　　　　たいへん

つながる：to connect/连接/kết nối　　　売り切れる：to sell out/售空/bán hết
　　　　　　　　　　　　　　　　　　　う　き
日用品：daily necessities/日常用品/đồ dùng hàng ngày
にちようひん

地震のときはエレベーターに乗っていた。助けを待つ間、外に出る
じしん　　　　　　　　　　　　　の　　　　　たす　ま　あいだ
ことができなくて本当に怖かった。助けてもらった後で、外の人に
ほんとう　こわ　　　たす　　　　　　あと
電話するボタンや、非常用の道具がエレベーターの中にあったと
でんわ　　　　　　　ひじょうよう　どうぐ
知った。もし地震の前に知っていたら安心できたのに…。
し　　　　じしん　まえ　し　　　　　　あんしん

助け：help/帮助,援助/sự giúp đỡ　　　助ける：to help/帮助,援助/giúp đỡ
たす　　　　　　　　　　　　　　　　　たす
非常用：for emergency/紧急用/khẩn cấp
ひじょうよう

3 日本で地震にあっても困らないように、どうしたらいいのかを教えるビデオを作ります。下はシチュエーションの例です。どの場所のビデオを作るか、グループで話し合って決めましょう。

シチュエーションの例
家や寮にいるときに地震が起きた
教室で授業を受けているときに地震が起きた
ビルの中で買い物をしているときに地震が起きた
エレベーターの中にいるときに地震が起きた
外を歩いているときに地震が起きた

私たちのグループは、＿＿＿＿＿＿＿＿＿＿＿にいるときに地震が起きたというビデオを作ります。

あう：to have an accident or a bad experience／遇到，遭遇（事故和灾害等等不好的事件）／gặp phải (tai nạn hay thiên tai, những thứ không may)

寮：dormitory／宿舍／ký túc xá

理解
りかい

Step 2 理解

◆ Reading and Comprehension

1 自分たちが選んだ場所で大きな地震が起きたとき、どうしたらいいのかを説明する読み物を読みましょう。

---

❶ 家や寮で
いえ りょう

1　　家や寮にいるときに大きな地震が起きたら、まず、机やテーブルの下に入ってください。入るところがない場合は、クッションなどで頭を守りましょう。できれば、ドアや窓を開けて、逃げる道を確保してください。地震の揺れで、ドアや窓が開かなく

5　なることがあるからです。次に、揺れがおさまったら、ガスやヒーターをすぐ消します。火事が起きないように注意しましょう。

　　火事が起きたり、建物がくずれたりする危険があるときは、非常用かばんを持って避難します。家の近くにある避難場所を確認しておきましょう。

▸ 特に注意すること
とく ちゅうい

10　冷蔵庫や食器棚、本棚が倒れてきて大きなけがをすることもあります。背の高い家具は固定しておいてください。ガラスが割れて床に散らばることもありますから、大きな地震のときは、部屋の中を歩くときも靴をはきましょう。

確保する：to secure/确保/chuẩn bị sẵn	食器棚：cupboard/碗柜/tủ cất chén bát
揺れ：tremor/晃动, 震动/rung lắc	家具：furniture/家具/bàn tủ
おさまる：to subside/平息, 平缓/dừng, hết	固定する：to fasten, to fix, to anchor/固定/cố định
くずれる：to collapse/坍塌, 倒塌/sụp, đổ	床：floor/地板/nền nhà
避難する：to evacuate/避难/bỏ chạy, chạy	散らばる：to be scattered/散乱/tung tóe

68

❷ 教室で
きょうしつ

1　　教室で授業を受けているときに大きな地震が起きたら、まず、机の下に入ってくださ
　　きょうしつ　じゅぎょう　う　　　　　　　　　　　　　　　じしん　お　　　　　　　　　　　　　つくえ
　い。小さい机の場合は、机の足をしっかり持って体を守り、揺れがおさまるのを待ちま
　　　　　　つくえ　ばあい　つくえ　　　　　　　　　も　からだ　まも　ゆ　　　　　　　　　　　　ま
　しょう。できれば、ドアの近くにいる人は、ドアを開けて出口を確保してください。急いで
　　　　　　　　　　　　　ちか　　　　　　　　　　　　あ　　でぐち　かくほ　　　　　　　いそ
　外に飛び出してはいけません。次に、揺れがおさまったら、先生の指示やアナウンスを聞い
　そと　と　だ　　　　　　　　　つぎ　ゆ　　　　　　　　　　せんせい　しじ
5　て、必要があれば避難します。
　　ひつよう　　　　　ひなん

　　　外に出るときは、階段や非常階段を使いましょう。大きな
　　そと　で　　　　　かいだん　ひじょうかいだん　つか
　地震の後は地震が続くことがあって、エレベーターはいつ止ま
　じしん　あと　じしん　つづ　　　　　　　　　　　　　　　と
　るかわからないので、使ってはいけません。避難するときは、
　　　　　　　　　　　つか　　　　　　　　　　ひなん
　自分のリュックや本などで頭を守ってください。
　じぶん　　　　　　　　　　あたま　まも
10　　　外に出たら、避難場所に行きましょう。多くの場合、学校の
　　そと　で　　　ひなんばしょ　　　　　　　　　　ばあい
　避難場所は運動場（グラウンド）です。非常階段はどこにあ
　ひなんばしょ　うんどうじょう　　　　　　　　　　ひじょうかいだん
　るのか、学校の避難場所はどこなのか、地震が起きる前に調べておくと安心です。
　　　　　　ひなんばしょ　　　　　　　　じしん　お　　　　しら　　　　　　あんしん

特に注意すること
とく　ちゅうい

　　　ガラスは危ないので、窓の近くに行かないようにしましょう。教室のホワイトボード、モ
　　　あぶ　　　　まど　ちか　　　　　　　　　　　　　　きょうしつ
15　ニター、スピーカーなどが落ちてくることがあります。気をつけてください。
　　　　　　　　　　　お

揺れがおさまる：shaking subsides/晃动平缓/hết rung lắc
ゆ
確保する：to secure/确保/xem sẵn
かくほ
飛び出す：to rush out/跑出，冲出/chạy ra
と　だ
避難する：to evacuate/避难/chạy lánh nạn
ひなん

非常階段：emergency stairs/疏散楼梯/cầu thang thoát
ひじょうかいだん　　　　　　　　　　　　　　　　hiểm
避難場所：evacuation area/避难场所/nơi lánh nạn
ひなんばしょ

Lesson 4　地震から身を守ろう

❸ ビルの中で

1　　ビルの中にいるときに大きな地震が起きたら、まず、近くにテーブルなど入れそうなものがあれば、その下に入ってください。もし入れる場所がなかったら、頭をかばんなどで守って、壁か柱の近くに座ります。次に、揺れがおさまったら、ビルの外に避難します。パニックになって出口に行くと人が集中して危ないので、落ち着いて行動してください。このと

5　き、落ちてくるものでけがをしないように、かばんなどで頭を守りながら歩きましょう。

　　外に出るときには、エレベーターを使ってはいけません。

階段を使いましょう。外に出たら、近くの公園や駐車場など、広くて安全な場所に行きます。店員やスタッフの指示に従いましょう。高い建物の近くには行かないようにします。

10　**特に注意すること**

　　ビルにはガラスがたくさん使われています。窓の近くには行かないでください。ショッピングセンターやスーパーマーケットには、背が高い棚があるので、気をつけなければいけません。落ちてきた商品でけがをしないようにしましょう。

柱：pillar/柱子/cột

揺れがおさまる：shaking subsides/晃动平缓/hết rung lắc

避難する：to evacuate/避难/bỏ chạy, chạy

集中する：to concentrate/集中/tập trung

落ち着く：to calm down/冷静/bình tĩnh

行動する：to take action/行动/hành động, di chuyển

駐車場：parking lot/停车场/bãi đậu xe

従う：to obey, follow/跟随/làm theo, tuân theo

商品：goods/商品/sản phẩm, đồ

❹ エレベーターの中で

1 　エレベーターの中にいるときに大きな地震が起きたら、まず、全ての階のボタンを押してください。止まった階で降りることができたら、そこからは階段を使って外に逃げましょう。
　もしエレベーターの中に閉じ込められてしまったら、中についている電話や非常ボタンを押して管理センターへ連絡しましょ
5 う。電話や非常ボタンが通じない場合は、携帯電話で管理センター、または消防（119）・警察（110）へ電話します。
　また、エレベーターのとびらの外に人がいる音が聞こえたら、かばんでとびらをたたいて音を出して、自分が中にいることを知らせるのも良い方法です。そのエレベーターに非常用ボックスが
10 置いてあれば、その中の水や食べ物、簡易トイレを活用して、助けを待ちましょう。

特に注意すること

　エレベーターは、中からとびらを開けづらいので、無理に開けようとしたり、出ようとしたりするのはとても危険です。また、助けを呼ぶために叫び続けると、体力を使いすぎてし
15 まいます。落ち着いて助けを待つようにしてください。

閉じ込める：to close in, lock up/关在里面/nhốt
非常ボタン：emergency button/紧急按钮/nút báo động
管理センター：control center/管理中心/trung tâm quản lý
通じる：to get through/打通，联系上/kết nối
消防：fire fighting/消防/cứu hỏa
とびら：door/门/cửa
たたく：to tap/敲打/gõ

方法：methods/方法/cách thức, phương pháp
簡易トイレ：portable toilet/便捷马桶/nhà vệ sinh di động bỏ túi
活用する：to make use of/有效使用/sử dụng
叫び続ける：to keep shouting/持续叫喊/kêu cứu liên tục
体力：physical strength/体力/sức lực, thể lực
落ち着く：to calm down/冷静/bình tĩnh

❺ 外で

1　　外を歩いているときに大きな地震が起きたら、まず、持っているかばんなどで頭を守りましょう。高い建物の近くにいるときは、なるべく建物から離れてください。窓ガラスや壁の一部が落ちてきて危ないからです。門や塀も倒れてくることがありますから、離れるようにしましょう。次に、揺れがおさまったら、公園などの広いところへ逃げます。近くに避難場

5　所があったら、そこに避難してください。大きな地震のときは電車やバスが止まったり、遅れたりすることがあります。家まで歩いて帰る道を調べておきましょう。

　　海や川の近くにいるときに大きな地震が起こったら、津波注意報や避難指示が出ていなくても、すぐに水辺から離れて高い場所へ避難しましょう。

特に注意すること

10　　強い揺れによって自動販売機、電信柱が倒れてくることがあります。また、揺れがおさまった後も、切れた電線は危ないですから、近くに行ってはいけません。地震によって地割れが起きることもあるので、歩くときには注意してください。

離れる：to get away from/远离/tránh xa
一部：part of/一部分/một phần
塀：fence/围墙/hàng rào
揺れがおさまる：shaking subsides/晃动平缓/hết rung lắc
避難場所：evacuation area/避难场所/nơi lánh nạn
避難する：to evacuate/避难/lánh nạn, di tản
津波注意報：tsunami warning/海啸警报/cảnh báo sóng
　　　　　thần

避難指示：evacuation instructions/避难指示/hướng dẫn
　　　　　lánh nạn, di tản
水辺：waterfront/水边/khu vực sông nước
自動販売機：vending machines/自动售货机/máy bán
　　　　　hàng tự động
電信柱：power poles/电线杆/cột điện
電線：power lines/电线/đường dây điện
地割れ：cracks in the ground/地裂/nứt đất

2 読んでわかったことをまとめましょう。選んだ場所で大きな地震が起きたとき、どうすればいいですか。順番に書いてください。

まとめる：to put together/
　　　　　总结/tổng kết, tóm tắt
順番に：in order/按照顺
　　　　序/theo trình tự

場所	どうすればいいか
1. 家や寮で	・机やテーブルの下に入る ・ ・
2. 教室で	・机の下に入る ・ ・
3. ビルの中で	・テーブルなどの下に入る ・ ・
4. エレベーターの中で	・全ての階のボタンを押す ・ ・
5. 外で	・持っているかばんなどで頭を守る ・ ・

Lesson4　地震から身を守ろう

Step 3 準備<ruby>じゅんび</ruby>

Discussion and Planning

1 読<ruby>よ</ruby>み物<ruby>もの</ruby>を読<ruby>よ</ruby>んでまとめたことについて 5 分<ruby>ふん</ruby>くらいのビデオを作<ruby>つく</ruby>りましょう。例<ruby>れい</ruby>のように内容<ruby>ないよう</ruby>を考<ruby>かんが</ruby>えましょう。

例<ruby>れい</ruby>)

場所<ruby>ばしょ</ruby>	ショッピングモールの中<ruby>なか</ruby>で（撮影<ruby>さつえい</ruby>は大学<ruby>だいがく</ruby>の中<ruby>なか</ruby>でする）	撮影<ruby>さつえい</ruby>：filming/摄影/chụp ảnh
登場人物<ruby>とうじょうじんぶつ</ruby> characters (in video) 登场人物 nhân vật xuất hiện	主人公<ruby>しゅじんこう</ruby>：1人<ruby>にん</ruby> 友達<ruby>ともだち</ruby>：1人<ruby>にん</ruby> ナレーター（声<ruby>こえ</ruby>だけ）：1人<ruby>にん</ruby>	主人公<ruby>しゅじんこう</ruby>：main character/主人公/nhân vật chính
内容<ruby>ないよう</ruby> contents 内容 nội dung	・主人公<ruby>しゅじんこう</ruby>と友達<ruby>ともだち</ruby>が買<ruby>か</ruby>い物<ruby>もの</ruby>を終<ruby>お</ruby>えて、ショッピングモールの中<ruby>なか</ruby>を歩<ruby>ある</ruby>いている。 　　※大学<ruby>だいがく</ruby>のキャンパスの中<ruby>なか</ruby>。 　　※エコバッグや紙袋<ruby>かみぶくろ</ruby>などを持<ruby>も</ruby>ち、買<ruby>か</ruby>い物<ruby>もの</ruby>が終<ruby>お</ruby>わったことを表<ruby>あらわ</ruby>す。 ・地震<ruby>じしん</ruby>が起<ruby>お</ruby>きる。 　　※カメラを揺<ruby>ゆ</ruby>らして、地震<ruby>じしん</ruby>が起<ruby>お</ruby>きたことを表<ruby>あらわ</ruby>す。 ・あわてて逃<ruby>に</ruby>げようとするが、授業<ruby>じゅぎょう</ruby>で習<ruby>なら</ruby>ったことを思<ruby>おも</ruby>い出<ruby>だ</ruby>す。 ・かばんを頭<ruby>あたま</ruby>に乗<ruby>の</ruby>せる。 ・壁<ruby>かべ</ruby>の近<ruby>ちか</ruby>くに行<ruby>い</ruby>って座<ruby>すわ</ruby>る。 ・揺<ruby>ゆ</ruby>れがおさまるのを待<ruby>ま</ruby>つ。 ・エレベーターを使<ruby>つか</ruby>わないで階段<ruby>かいだん</ruby>を使<ruby>つか</ruby>って1階<ruby>かい</ruby>に行<ruby>い</ruby>く。 ・外<ruby>そと</ruby>に出<ruby>で</ruby>る。（避難場所<ruby>ひなんばしょ</ruby>に向<ruby>む</ruby>かって歩<ruby>ある</ruby>いているように見<ruby>み</ruby>せる） ※途中<ruby>とちゅう</ruby>、授業<ruby>じゅぎょう</ruby>で習<ruby>なら</ruby>った内容<ruby>ないよう</ruby>の字幕<ruby>じまく</ruby>を入<ruby>い</ruby>れる。 　　例<ruby>れい</ruby>)「あわててはいけません」 　　それをナレーターが読<ruby>よ</ruby>む。 　　主人公<ruby>しゅじんこう</ruby>は、思<ruby>おも</ruby>い出<ruby>だ</ruby>した表情<ruby>ひょうじょう</ruby>をする。「そうだ！」などと言<ruby>い</ruby>う。	終<ruby>お</ruby>える：to finish/完成/xong, kết thúc エコバッグ：eco bag/环保袋/túi môi trường 紙袋<ruby>かみぶくろ</ruby>：paper bag/纸袋/túi giấy 表<ruby>あらわ</ruby>す：to represent, show/表现/thể hiện 揺<ruby>ゆ</ruby>らす：to shake/摇晃, 晃动/làm rung あわてる：to panic/慌张, 慌忙/vội vã 乗<ruby>の</ruby>せる：to put or load onto/放上去/đội 字幕<ruby>じまく</ruby>：subtitles/字幕/phụ đề 表情<ruby>ひょうじょう</ruby>：expressions/表情/biểu hiện
役割<ruby>やくわり</ruby> role 角色 vai trò	ビデオを撮影<ruby>さつえい</ruby>する人<ruby>ひと</ruby>：ガブリエルさん ビデオを編集<ruby>へんしゅう</ruby>する人<ruby>ひと</ruby>：リリさん ビデオに出演<ruby>しゅつえん</ruby>する人<ruby>ひと</ruby>：ブライアンさん、オウさん、アリさん（ナレーター）	編集<ruby>へんしゅう</ruby>する：to edit/编辑, 剪辑/chỉnh sửa 出演<ruby>しゅつえん</ruby>する：to perform/出场, 演出/diễn

場所 <small>ばしょ</small>	
登場人物 <small>とうじょうじんぶつ</small>	
内容 <small>ないよう</small>	
役割 <small>やくわり</small>	ビデオを撮影する人： <small>さつえい</small> ビデオを編集する人： <small>へんしゅう</small> ビデオに出演する人： <small>しゅつえん</small>

2 **1**の内容をもとに、ビデオのスクリプトを書きましょう。

例）

> ～をもとに：based on ~/
> 以～作为基准/dựa
> vào

どこで	だれが	何をする・言う
ショッピングモール（大学）	主人公・友達	買い物を終えて、楽しそうに歩いている
		地震が起きる（カメラをガタガタ揺らす）
	主人公	「あ！ 地震だ！ 揺れてる！ 大きい！ どうしよう！」
	友達	「怖い！ どうしよう！」
	主人公・友達	あわてる
	ナレーター	＜あわててはいけません＞
	主人公	「あ！ 授業で習ったよね… そうだ！」
	ナレーター	＜かばんを頭に乗せてください。頭を守らなければいけません＞
	主人公	「かばんを頭に乗せて！ 頭を守らなきゃ！」
	友達	「わかった！」
	主人公・友達	かばんを頭に乗せる
壁の近く	ナレーター	＜テーブルなど、入れそうなものがなかったら、壁や柱の近くに行って座ってください＞
	主人公	「テーブルはないから… 壁の近く！ 座って！」
	主人公・友達	壁の近くに行って座る
	友達	「外に出たほうがいいんじゃない？」
	友達	窓の近くから外を見ようとする
	ナレーター	＜危険ですから、窓の近くに行ってはいけません＞
	主人公	「窓の近くに行っちゃだめ！」
	友達	壁の近くに戻る
	主人公・友達	頭を守って揺れがおさまるのを待つ
	友達	「いつまでここにいなきゃいけないの？」
エレベーターの前	ナレーター	＜揺れがおさまったら、外に避難しましょう＞
	主人公	「揺れがおさまった！ 外に行こう！」
	友達	「エレベーター！」
	友達	エレベーターの方に歩く
	主人公	「エレベーターは使っちゃだめ！」

76

どこで	だれが	何をする・言う

3 ビデオを撮影し、編集しましょう。

撮影
・他のクラスの授業や活動を妨害しないようにしてください。
・クラスメート以外の人や、建物を撮影するときは、撮影してもいいか聞いてください。

編集
・アプリを使ってビデオを編集します。
・ビデオは5分以内になるように編集してください。
・台詞、ナレーション、重要なポイントなどは、できれば日本語の字幕をつけましょう。

活動：activity/活动/hoạt động
妨害する：to obstruct, interfere/妨碍/làm cản trở

台詞：script/台词/lời thoại
重要（な）：important/重要的/quan trọng

4 プレゼンテーションの準備をしましょう。

自分たちが作ったビデオをクラスメートに説明するプレゼンテーションを準備します。聞いている人が理解しやすいように、スクリプトを書いてから練習しましょう。

理解する：to understand/理解/hiểu

① タイトル紹介
　　ビデオのタイトルを紹介する

② メンバー紹介
　　ビデオを作ったメンバーを紹介する

③ 場所の説明
　　どのような場所で地震が起きたのかを説明する

④ よく見てほしいところ
　　アピールポイントや大変だったところを説明する

⑤ ○×クイズ
　　ビデオの内容について、○×クイズを3つ作って出す
　　例）「家の中にいるときに地震が起きたら、すぐに外に飛び出さなければいけない。○でしょうか、×でしょうか。」

	あいさつ	みなさん、＿＿＿＿＿＿＿＿＿＿。 私たちは＿＿＿＿＿＿＿＿＿＿＿＿＿＿＿＿＿グループです。
①	タイトル紹介 しょうかい	私たちが作ったビデオのタイトルは 「＿＿＿＿＿＿＿＿＿＿＿＿＿＿＿＿＿」です。 例）「地震が来た！」 れい じしん
②	メンバー紹介 しょうかい	メンバーを紹介します。 しょうかい ＿＿＿＿＿＿＿です。私は＿＿＿＿＿＿＿しました。 ビデオを撮影／ビデオを編集／ビデオに出演 さつえい へんしゅう しゅつえん
③	場所 ばしょ	ビデオを見る前に、内容について説明します。 ないよう せつめい 私たちは＿＿＿＿＿＿にいるときに地震が起きたというシチュエーション じしん お のビデオを作りました。 つく
④	よく見てほしい ところ	次に、よく見てほしいところです。 つぎ ＿＿＿＿＿＿＿＿＿＿＿＿＿です。 ぜひ注目してください。 ちゅうもく
	ビデオ	それでは、これからビデオをご覧ください。 らん ── ビデオを見せる ── ビデオは以上です。 いじょう
⑤	○×クイズ	みなさん、ビデオを見て、＿＿＿＿＿＿＿で地震が起きたとき、どうすれば じしん お いいかわかりましたか。 ○×クイズをします。 １問目です。＿＿＿＿＿＿＿＿＿＿＿＿＿＿＿。 もん ○でしょうか、×でしょうか。　…正解は｛○／×｝です。 せいかい ２問目です。＿＿＿＿＿＿＿＿＿＿＿＿＿＿＿。 もん ○でしょうか、×でしょうか。　…正解は｛○／×｝です。 せいかい ３問目です。＿＿＿＿＿＿＿＿＿＿＿＿＿＿＿。 もん ○でしょうか、×でしょうか。　…正解は｛○／×｝です。 せいかい
	あいさつ	私たちのプレゼンテーションは以上です。ご清聴ありがとうございました。 いじょう せいちょう

Lesson 4

地震から身を守ろう

 <ruby>表<rt>ひょう</rt></ruby><ruby>現<rt>げん</rt></ruby>　ビデオの中で<ruby>使<rt>つか</rt></ruby>える<ruby>表現<rt>ひょうげん</rt></ruby>

<ruby>聞<rt>き</rt></ruby>き<ruby>手<rt>て</rt></ruby>に<ruby>命令<rt>めいれい</rt></ruby>（<ruby>依頼<rt>いらい</rt></ruby>）する・<ruby>禁止<rt>きんし</rt></ruby>する (1)　Giving Commands (Requests) or Prohibitions (1) / 命令（委托）・禁止对方 (1) / Ra lệnh (yêu cầu) / Cấm đoán người nghe (1)

「〜てください」「〜ないでください」 ／ 「〜て」「〜ないで」

When giving commands or prohibitions to someone, the kind of language used depends on the relationship with the other party. When shop staff give an order (request) or prohibition to a customer, or a subordinate gives an order (request) or prohibition to a superior, polite language is preferred, such as "<ruby>机<rt>つくえ</rt></ruby>やテーブルの下に入ってください" or "<ruby>窓<rt>まど</rt></ruby>の<ruby>近<rt>ちか</rt></ruby>くには行かないでください" (This does not apply in an emergency). On the other hand, for classmates, friends, and other close people, a casual form, such as "〜て" or "〜ないで" is more common.

在对对方使用命令，禁止表现的时候，要根据和对方关系的亲疏远近来选择用语。店员对客人，下级对上级发出命令或禁止的指示时，比较偏好使用礼貌的说法，会说 "<ruby>机<rt>つくえ</rt></ruby>やテーブルの下に入ってください" "<ruby>窓<rt>まど</rt></ruby>の<ruby>近<rt>ちか</rt></ruby>くには行かないでください"（紧急的时候不限于此）。另一方面，对待同班同学或朋友等亲近的人时，则多用 "〜て" "〜ないで" 这种相对随意的说法。

Trường hợp ra lệnh, cấm đoán người nghe thì tùy theo mối quan hệ với nhau mà cách thức sử dụng từ cũng thay đổi. Trường hợp người trong cửa hàng nói với khách hàng, người dưới yêu cầu, cấm đoán người trên thì cách nói lịch sự rất cần thiết, vì vậy người ta thường sử dụng những cách nói như「<ruby>机<rt>つくえ</rt></ruby>やテーブルの下に入ってください」「<ruby>窓<rt>まど</rt></ruby>の<ruby>近<rt>ちか</rt></ruby>くには行かないでください」(ngoại trừ những trường hợp khẩn cấp). Tuy nhiên, đối với bạn bè cùng lớp hay những người thân thiết với mình thì chúng ta chỉ cần sử dụng những cách nói ngắn như「〜て」「〜ないで」cũng được.

<ruby>丁寧<rt>ていねい</rt></ruby>な<ruby>言<rt>い</rt></ruby>い<ruby>方<rt>かた</rt></ruby>　（<ruby>店員<rt>てんいん</rt></ruby>が <ruby>客<rt>きゃく</rt></ruby>に）「<ruby>早<rt>はや</rt></ruby>く<ruby>避難<rt>ひなん</rt></ruby>してください」
Polite Way of Saying / 礼貌的说话方式 / Những cách nói lịch sự

➡ くだけた<ruby>言<rt>い</rt></ruby>い<ruby>方<rt>かた</rt></ruby>　（<ruby>友達<rt>ともだち</rt></ruby>に）「<ruby>早<rt>はや</rt></ruby>く<ruby>避難<rt>ひなん</rt></ruby>して」
Informal Way of Saying / 非正式的说话方式 / Những cách nói thông thường

<ruby>丁寧<rt>ていねい</rt></ruby>な<ruby>言<rt>い</rt></ruby>い<ruby>方<rt>かた</rt></ruby>　（<ruby>店員<rt>てんいん</rt></ruby>が <ruby>客<rt>きゃく</rt></ruby>に）「<ruby>飛<rt>と</rt></ruby>び<ruby>出<rt>だ</rt></ruby>さないでください」

➡ くだけた<ruby>言<rt>い</rt></ruby>い<ruby>方<rt>かた</rt></ruby>　（<ruby>友達<rt>ともだち</rt></ruby>に）「<ruby>飛<rt>と</rt></ruby>び<ruby>出<rt>だ</rt></ruby>さないで」

「～なければいけません」「～てはいけません」／「～なきゃ」「～ちゃだめ」

"～なければいけない" indicates one must do the action, while "～てはいけない" means the action is forbidden. In the reading, these expressions are used as follows.

"～なければいけない"表示有义务做这个行为, "～てはいけない"表示禁止做这个行为。这两种表达在文中如下被使用。

Cách nói「～なければいけない」thể hiện nghĩa vụ phải thực hiện một hành động nào đó,「～てはいけない」thể hiện ý cấm đoán làm một việc gì. Trong đoạn văn thì những cách nói này được sử dụng như sau.

・ショッピングセンターやスーパーマーケットには、背が高い棚があるので、気をつけな
　　　　　　　　　　　　　　　　　　　　　　　　　せ　　　たな
　ければいけません。 (p.70)
・急いで外に飛び出してはいけません。 (p.69)
　いそ　　と　だ

These were descriptions of actions that should and should not be taken in the event of an earthquake, not utterances made to a listener in person. In conversation, when polite speech is preferred, you can say, "気をつけなければいけません," or "飛び出してはいけません," just like the written language above. For classmates, friends, and other close people, more casual expressions such as "～なきゃ" or "～ちゃだめ" are more common.

这些是说明在地震时必须采取的行动和不能做的行为, 而不是在对着实际在眼前的对方所发出的注意警告。在对话中, 偏好使用礼貌的说话方式时, 和上面的书面语一样, 可以说 "気をつけなければいけません" "飛び出してはいけません"。而对同班同学或朋友等亲近的人时, 则多用 "～なきゃ" "～ちゃだめ" 这样相对随意的表达方式。

Đây là những cách nói giải thích những hành động nên làm và không nên làm khi xảy ra động đất, không có ý nghĩa chú ý trực tiếp đến đối phương đang ở trước mặt mình. Trong hội thoại, trường hợp những cách nói lịch sự được chú trọng, thì cũng giống như trong văn viết, chúng ta sử dụng cách nói「気をつけなければいけません」「飛び出してはいけません」. Trường hợp nói với bạn bè cùng lớp, những người thân thiết thì những cách nói như「～なきゃ」「～ちゃだめ」thường được sử dụng.

丁寧な言い方　（先生が学生に）「頭を守らなければいけません（よ）」
ていねい　　い　かた　　　　　　　　　　　　　あたま　まも

➡ くだけた言い方　（友達に）「頭を守らなきゃ」
　　　　　　　　い　かた　　ともだち　　　あたま　まも

丁寧な言い方　（先生が学生に）「エレベーターを使ってはいけません（よ）」
ていねい　　い　かた　　　　　　　　　　　　　　　　つか

➡ くだけた言い方　（友達に）「エレベーターを使っちゃだめ」
　　　　　　　　い　かた　　ともだち　　　　　　　　　つか

※ Even though "～なければいけません" and "～てはいけません" are polite phrases, they cannot be used with superiors or by shopkeepers to customers. It is more natural to use expressions of command (request) or prohibition such as "気をつけてください" or "飛び出さないでください."

虽然 "～なければいけません" 和 "～てはいけません" 都是礼貌的说法, 但是对上级, 或者店员对着客人是不可以使用的。用 "気をつけてください" "飛び出さないでください" 这样的命令 (委托)・禁止的表达更自然。

「～なければいけません」và「～てはいけません」là cách nói lịch sự nhưng không thể dùng với người trên, hay nhân viên cửa hàng cũng không thể sử dụng với khách hàng. Sử dụng những cách nói yêu cầu hay cấm đoán như「気をつけてください」「飛び出さないでください」thì tự nhiên hơn.

1 発表をしましょう。
　　はっぴょう

発表のながれ
はっぴょう

1 クラスメートにビデオについてプレゼンテーションをします。その後、
ビデオを見せます。
あと

2 聞いている人は、ビデオを注意深く見ます。
ちゅう い ぶか

3 ビデオの内容について、○×クイズをします。
ないよう

4 発表が終わったら、以下の点についてグループで話し合いをします。
はっぴょう お　　い か てん　　　　　　　　　　　　　　　　　あ

　・よく聞こえなかったところ、わからなかったところ

　・面白い、役に立つと思ったところ
　　おもしろ　やく た　おも

　・もっと知りたいと思ったこと
　　　　し　　　　おも

5 グループごとに質問をしたり、コメントをしたりします。発表者は質
しつもん　　　　　　　　　　　　　　　　　　　　　　はっぴょうしゃ しつ
問に答えます。終わった後で、プレゼンテーションはどうだったか、
もん こた　　お　　あと
下のワークシートに記入します。
き にゅう

クラスメートのプレゼンテーションやビデオはどうでしたか。

（　　　　　　　　　　　　　　）グループ				コメント
	@	○	△	
プレゼンテーションはわかりやすかったか				
ビデオはわかりやすかったか				
役に立つ情報があったか やく た じょうほう				

（　　　　　　　　　　　　　　）グループ				コメント
	@	○	△	
プレゼンテーションはわかりやすかったか				
ビデオはわかりやすかったか				
役に立つ情報があったか やく た じょうほう				

ふりかえり

この課の目標をもう一度ふりかえりましょう。できましたか、できませんでしたか。

この課の目標
(か　もくひょう)

日本を知ろう！	◎	○	△
地震に対してどのような準備が必要かを知る (じしん　たい　　　　　　じゅんび　ひつよう　し)			
地震が起きると何に困るのかを知る (じしん　お　　こま　し)			
地震が起きたとき、どうすればいいのかを知る (じしん　お　　　　　　　　　　　　　　　し)			

日本語を使おう！	◎	○	△
防災に関することばを覚える (ぼうさい　かん　　　　　　おぼ)			
地震についての説明文を読んで理解する (じしん　　　　　せつめいぶん　　　りかい)			
命令や禁止の話しことば的表現が使えるように (めいれい　きんし　はな　　　　てきひょうげん　つか) なる			
防災ビデオを作って、プレゼンテーションをする (ぼうさい　　　　つく)			

この課で学べたこと、よくわかったこと
(か　まな)

Lesson **5**

教育を考えよう
きょういく　　　　かんが
自己肯定感を高める教育とは？
じ　こ　こうていかん　　たか　　　　きょういく

この課の目標
か　　もくひょう

日本を知ろう！
し

日本の高校生が自分自身をどのように考えて
にほん　こうこうせい　じぶんじしん　　　　　　　かんが
いるのかを知る
し

Learn about how Japanese high school students think of themselves
了解日本的高中生对自己有什么样的看法
Tìm hiểu về học sinh phổ thông Nhật Bản suy nghĩ thế nào về bản thân

---

他の国と比べて、日本の高校生の自己肯定感
ほか　くに　くら　　　　にほん　こうこうせい　じ　こ　こうていかん
にどのような特徴があるのかを知る
とくちょう　　　　　　　　し

Learn about characteristics of Japanese high school students' self-esteem compared to other countries
了解日本的高中生与其他国家的高中生相比，在自我肯定感方面有什么样的特征
Tìm hiểu về những đặc trưng về việc tự khẳng định bản thân của học sinh phổ thông Nhật Bản so với những quốc gia khác

---

日本の学校の現状や、その問題点について知る
にほん　がっこう　げんじょう　　　　　もんだいてん　　　　　　　し

Learn about the current state of Japanese schools and the problems they face
了解关于日本的学校现状以及其中的问题点
Tìm hiểu về hiện trạng và những vấn đề trong học đường Nhật Bản hiện nay

日本語を使おう！
にほんご　つか

性格や感情に関することばを覚える
せいかく　かんじょう　かん　　　　　　　おぼ

Learn words related to personality and emotions
掌握性格与情感的相关词汇
Nhớ những từ vựng về tính cách và cảm xúc

教育についての説明文を読んで理解する
きょういく　　　　　　せつめいぶん　よ　　　りかい

Read and understand explanations about education
阅读并理解关于教育的说明文
Đọc hiểu những đoạn văn giải thích về giáo dục

提案や予想の表現が使えるようになる
ていあん　よそう　ひょうげん　つか

Learn how to use expressions of suggestions and predictions
学会使用企划与预想的表达方式
Vận dụng được những cách nói về đề xuất và suy đoán

問題を解決する提案を書いて、プレゼンテー
もんだい　かいけつ　　　ていあん　か
ションをする

Write and present proposals for solving problems
写一份解决问题的企划，并做演讲
Viết và trình bày những đề xuất phương án giải quyết vấn đề

ウォーミングアップ

● ことば ●

1 下のことばを知っていますか。イラストに合う日本語を ☐ から選んで、a.～l. を書きましょう。

a. 体力 _{たいりょく}	b. 辛い _{つら}	c. 楽しい _{たの}	d.（～に）満足する _{まんぞく}
e.（～に）自信がある _{じしん}	f. 努力する _{どりょく}	g. 性格 _{せいかく}	h.（～を）乗り越える _{の こ}
i. 自己肯定感 _{じ こ こうていかん}	j.（～と）協力する _{きょうりょく}	k. 怒る _{おこ}	l. 心を打ち明ける _{こころ う あ}

① (i)

self-esteem　自我肯定感
tự khẳng định bản thân

② ( )

personality　性格　tính cách

③ ( )

fun　愉快的　vui

④ ( )

difficult, hard　难过的，难受的
mệt, buồn rầu

⑤ ( )

to get angry　生气　giận

⑥ ( )

to confide in s.o.　说出心里话
giãi bày tâm sự

⑦ ( )

to cooperate with　与～协作，配合
hợp tác (với ~)

⑧ ( )

to overcome s.t.　战胜～　vượt qua

⑨ ( )

to try, make an effort　努力　nỗ lực

⑩ ( )

to have confidence in s.t.　对～有自信
tự tin

⑪ ( )

to be satisfied　对～感到满足，满意
mãn nguyện (với ~)

⑫ ( )

physical fitness　体力　thể lực

次の文に当てはまることばを 1 から選んで書きましょう。必要なら、動詞
や形容詞の形を変えてください。

当てはまる：corresponding/
対応/thích hợp

1) この仕事はとても大変だが、チームのメンバーと＿＿＿＿＿＿＿＿
ば、きっと成功する。

成功する：to succeed/成
功/thành công

2) すぐに＿＿＿＿＿＿＿＿たり、興奮したりする人とは、仲良くなれ
ない。

興奮する：to be excited/
兴奋,激动/phấn
khích

3) 「私は価値がある人だ」と思っている人は、＿＿＿＿＿＿＿＿が
高いと言える。

仲良くなる：to get along
well with/感情变好
/thân thiết

4) 小さいときからずっと運動しているので、私は＿＿＿＿＿＿＿＿
があるほうだ。

価値：value/价值/giá trị

5) やさしい人、厳しい人など、＿＿＿＿＿＿＿＿は人によって違う。

6) 本当はもっと明るい人になりたいので、今の自分に＿＿＿＿＿＿＿
ていない。

7) 私は、趣味のダンスをしているときが、いちばん＿＿＿＿＿＿。

8) 今回のテストの点数は低かった。もっと＿＿＿＿＿＿＿＿なけれ
ばならない。

今回：this time/这次/lần
này

点数：points/分数/điểm
số

9) 大変なことも、がんばれば、きっと＿＿＿＿＿＿＿＿ことができる。

10) 私の妹は＿＿＿＿＿＿＿＿ことがあると、暗い顔になるので、
すぐにわかる。

11) 自分の＿＿＿＿＿＿＿＿ことができる友達はいますか。

12) 毎日練習したから、今回の漢字テストには＿＿＿＿＿＿＿。

● 活動 ●
かつどう

1 次のアンケートの質問に答えましょう。
つぎ　　　　　　　　　　　しつもん　こた

自分について、当てはまる記号（◎〇△×）を書いてください。
じぶん　　　　　　　　　あ　　　　　きごう

アンケート：questionnaire/
问卷调查/bảng khảo
sát

そうだ：◎　　　　　　　　　まあそうだ：〇

あまりそうではない：△　　　そうではない：×

	質問 しつもん	記号 きごう
1	私には 心を打ち明けられる友だちがいる こころ う あ　　　とも I have friends I can confide in　我有可以说心里话的朋友　Tôi có bạn để giãi bày tâm sự	
2	私は人とうまく協力できるほうだと思う きょうりょく　　　おも I think I can cooperate well with others　我能够良好地配合他人 Tôi nghĩ bản thân mình là người có thể hợp tác tốt với người khác	
3	私は辛いことがあっても乗り越えられると思う つら　　　　　の こ　　　　　おも I think I can get through hard times　即便有难受的事情，我也能够战胜它 Tôi nghĩ bản thân mình dù có gặp khó khăn cũng có thể vượt qua được	
4	私は怒った時や興奮している時でも自分をコントロールできるほうだ おこ　とき こうふん　　　　とき　　じぶん I can control myself even when I am angry or excited 不论是生气还是兴奋，我更偏向是一个能够控制自己的人 Tôi nghĩ bản thân mình dù lúc giận dữ hay lúc vui đều có thể tự kiểm soát được bản thân	
5	私は努力すれば大体のことができると思う どりょく　　　だいたい　　　　　　おも I think I can do most things if I try　我觉得只要我努力就能够做到大部分的事情 Tôi nghĩ bản thân nỗ lực thì hầu hết có thể thực hiện được	
6	私には、あまり得意なことがないと思う とくい　　　　　　おも I don't think I am very good at anything　我觉得自己没有特别擅长的事情 Tôi nghĩ bản thân mình không có gì trội nổi	
7	私は、何をやってもうまくいかないことが多い Whatever I do, things don't go well most of the time　我不论做什么事情都不能顺利地实现它 Bản thân mình làm gì cũng không có suôn sẻ	
8	私は価値のある人間だと思う か ち　　　　にんげん　おも I think I am a person of value　我认为自己是一个有价值的人　Tôi nghĩ bản thân mình là người có giá trị	
9	私はいまの自分に満足している じぶん まんぞく I am content with who I am now　我挺满意现在的自己　Tôi mãn nguyện với bản thân hiện tại	
10	体力に自信がある たいりょく じしん I am confident in my physical strength　对体力有自信　Tự tin về thể lực của bản thân	

2 ペアになってパートナーに質問してみましょう。

① どのように聞けばいいでしょうか。＿＿＿＿の部分を変えて、質問文を書いてみましょう。

② パートナーの答えを聞いて、記号を書きましょう。

そうだ：◎　まあそうだ：○　あまりそうではない：△　そうではない：×

	質問	記号
1	私には心を打ち明けられる友だちがいる →　＿＿＿＿＿＿さんには心を打ち明けられる友だちがいますか。	
2	私は人とうまく協力できるほうだと思う →	
3	私は辛いことがあっても乗り越えられると思う →	
4	私は怒った時や興奮している時でも自分をコントロールできるほうだ →	
5	私は努力すれば大体のことができると思う →	
6	私には、あまり得意なことがないと思う →	
7	私は、何をやってもうまくいかないことが多い →	
8	私は価値のある人間だと思う →	
9	私はいまの自分に満足している →	
10	体力に自信がある →	

《質問への答え方》

そうだ　　　　　　　　→「そうです」「そうだと思います」

まあそうだ　　　　　　→「まあそうです」「まあそうだと思います」

あまりそうではない　→「あまりそうではないです」「あまりそうではないと思います」

そうではない　　　　　→「そうではないです」「そうではないと思います」

※ 1、9、10 は、質問文の動詞を使って答えます。　例）1：「います」「全くいません」

3 高校生の自己肯定感について考えましょう。

① 自分の国では、「私は価値のある人間だ」と思っている高校生が多いと思いますか。また、それはなぜですか。日本人はどうだと思いますか。

■自分の国

予想：_____ と思います。

理由：_____ からです。

■日本

予想：_____ と思います。

理由：_____ からです。

② 91ページのグラフを読みましょう。下の質問について「そうだ」「まあそうだ」と答えた高校生の割合（%）を書いてください。

質問	日本	アメリカ（米国）	中国	韓国
私は価値のある人間だと思う	%	%	%	%
私はいまの自分に満足している	%	%	%	%

③ 91ページのグラフについて書いた文章を完成させましょう。

> 完成する：to complete, finish/完成/hoàn thành

「私は価値のある人間だと思う」と答えた高校生の割合は、アメリカが_____%で最も_____。韓国も_____%でほぼ同数である。次に中国が_____%で、これら3つの国では8割以上の高校生が「自己肯定感」を持っていることがわかる。一方、日本で「私は価値のある人間だと思う」と答えた高校生の割合は、_____%で、5割を{ 上回る ／ 下回る }。

「私はいまの自分に満足している」についても、そう思っている日本の高校生は_____%で、4か国で最も_____。この結果から、日本の高校生は他の3つの国と比べて「自己肯定感」が_____、しかも、その差は_____ことがわかる。

ほぼ：almost/大致/hầu như

同数：about the same number/数量相同/bằng nhau, cùng số liệu

～割：~×10 percent/~成（指比例）/~ mươi phần trăm

一方：on the other hand/另一方面/mặt khác

上回る：more than/超过/vượt trên

下回る：less than/低于/xuống dưới

結果：result/结果/kết quả

しかも：moreover/而且, 并且/nhưng

差：difference, gap/差, 差值/mức độ chênh lệch

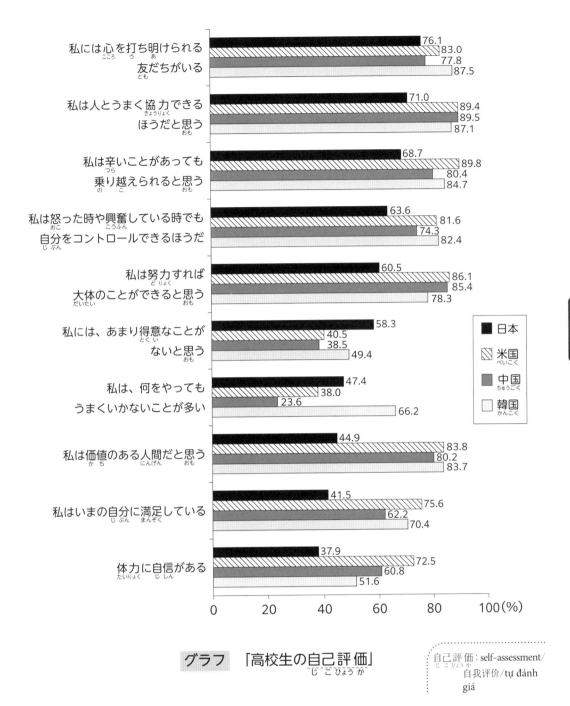

私には心を打ち明けられる
友だちがいる
76.1
83.0
77.8
87.5

私は人とうまく協力できる
ほうだと思う
71.0
89.4
89.5
87.1

私は辛いことがあっても
乗り越えられると思う
68.7
89.8
80.4
84.7

私は怒った時や興奮している時でも
自分をコントロールできるほうだ
63.6
81.6
74.3
82.4

私は努力すれば
大体のことができると思う
60.5
86.1
85.4
78.3

私には、あまり得意なことが
ないと思う
58.3
40.5
38.5
49.4

私は、何をやっても
うまくいかないことが多い
47.4
38.0
23.6
66.2

私は価値のある人間だと思う
44.9
83.8
80.2
83.7

私はいまの自分に満足している
41.5
75.6
62.2
70.4

体力に自信がある
37.9
72.5
60.8
51.6

■ 日本
▨ 米国
▤ 中国
□ 韓国

グラフ 「高校生の自己評価」

自己評価：self-assessment/
自我评价/tự đánh
giá

出典：国立青少年教育振興機構（2018）『高校生の心と体の健康に関する意識調査報告書〔概要〕—日本・米国・中国・韓国の比較—』
（2017年調査）「図24 自己評価（「そうだ」「まあそうだ」と回答した者の割合）」<http://www.niye.go.jp/kanri/upload/editor/126/
File/gaiyou.pdf>
※ルビは本書による。

Lesson 5　教育を考えよう

1 読む前に考えましょう。
かんが

> **▶▶▶ 1 段落** 国によって、高校生の自己肯定感にはどのような違いがある
> だんらく じ こ こうていかん ちが
> でしょうか。

> **▶▶▶ 2 段落** どのような経験をすれば、自己肯定感が高くなると思いま
> だんらく けいけん じ こ こうていかん おも
> すか。

> **▶▶▶ 3 段落** 現在の日本の教育には、どのような問題があると言われて
> だんらく げんざい きょういく もんだい
> いるでしょうか。

2 読みましょう。

日本の高校生は自信がない？
じしん

1　ある機関が、日本・アメリカ・中国・韓国の 4 か国の高校生の意識を比較するアンケート
きかん ちゅうごく かんこく こく いしき ひかく
調査を行った。2017 年の結果を見ると「私は価値のある人間だと思う」と回答した日本の
ちょうさ おこな けっか かち にんげん おも かいとう
高校生は 44.9% で、他の 3 か国の 80.2 ～ 83.8% を大きく下回っている。「私はいまの自分
ほか こく したまわ じぶん
に満足している」と答えた日本の高校生は 41.5% で、やはり他の 3 か国に比べて圧倒的に
まんぞく こた ほか こく くら あっとうてき
5　低い。2010 年の調査では、「私は価値のある人間だと思う」は 36.1%、「私はいまの自分に
ひく ちょうさ かち にんげん おも じぶん
満足している」は 24.7% だったので、日本の若者の自己肯定感は高くなったことがわかる。
まんぞく わかもの じ こ こうていかん たか
しかし他の国に比べると、まだ日本人の「自信のなさ」は目立っていると言える。
ほか くら じしん めだ
　文部科学省では、子どもの自己肯定感を高めるため、どのような教育をするべきか議論を
もんぶ か がくしょう じ こ こうていかん たか きょういく ぎろん
進めている。教育の専門家によると、クラスやグループで何かの課題を決め、自分たちで取
すす きょういく せんもんか かだい き じぶん と
10　り組む「アクティブ・ラーニング」をしてきた子ども、クラスメートや友人との協働を行っ
く ゆうじん きょうどう おこな

機関：institution/组织,单位/cơ quan	高める：to enhance/提高, 提升/nâng cao
きかん	たか
意識：awareness/意识,认知/ý chí	議論：discussion/辩论,讨论/thảo luận
いしき	ぎろん
比較する：to compare/比较/so sánh	専門家：experts/专家/chuyên gia
ひかく	せんもんか
調査：survey/调查/điều tra	課題：issue/课题,任务/đề tài
ちょうさ	かだい
圧倒的に：overwhelmingly/压倒性的/~ hơn hẳn, một	取り組む：to tackle, to grapple with/努力,专注/thực hiện
あっとうてき 　cách áp đảo	と く
目立つ：conspicuous/明显/thấy rõ	協働：collaboration/共同努力,协作/hợp tác
めだ	きょうどう
文部科学省：Ministry of Education, Culture, Sports,	
もんぶ か がくしょう Science and Technology/日本文科省(相当于教育	
部)/Bộ Giáo dục, Văn hóa, Thể thao, Khoa học và	
Công nghệ Nhật Bản	

てきた子ども、先生が自分の良さを認めてくれていると感じている子どもは自己肯定感が高い
そうである。したがって、これからの教育では、子どもたちに多くの成功体験をさせて、自
分に自信をつけさせることが求められるだろう。

　しかし、ひとりひとりの学びを大切にし、皆が活躍できる場を作っていくためには、現在の
15　学校に見られる様々な問題を解決しなければならない。1クラスの生徒の人数が多いこと、教
える以外の仕事で教師がいそがしいこと、教師の他に教育に関わる専門家やスタッフの人
数が足りないことなどである。質の良い教育をするためには、人もお金も必要である。子ど
もの教育にとって何が大切なのか、よく考えなければならない。

認める：to acknowledge/承认，认可/thừa nhận	活躍する：to play an active role/活跃, 大显身手/phát huy, phát triển
したがって：therefore/因此/theo đó	解決する：to solve (a problem)/解决/giải quyết
成功体験：experience of success/成功体验/trải nghiệm thành công	～に関わる：involved in ~/与～相关/liên quan đến
求める：to seek/追求/yêu cầu, đòi hỏi	質：quality/质量/chất lượng
	～にとって：in terms of/对于/đối với

3 本文の内容について答えましょう。

1) 2017 年のアンケート調査の結果として、正しいものはどれですか。1つ選びなさい。

　① 日本の高校生の半分以上が「私は価値のある人間だと思う」と答えた。
　② アメリカ、中国、韓国の高校生は、自己肯定感が日本の高校生ほど高くない。
　③ 日本の高校生は、自分にあまり自信がないと思われる。

2) 筆者は、子どもの教育にとって、何が大切だと考えていますか。正しい答えを1つ選び
なさい。

　①「上手くできた」と感じられる経験をして、自信をつけることが大切だ。
　② 自己肯定感を高めるために、多くの課題を行うことが大切だ。
　③ 学校生活で成功できるように、今より成績をよくすることが大切だ。

3) 筆者は、現在の日本の教育のどのようなところが問題だと考えていますか。当てはまる
ものを2つ選びなさい。

　① 1クラスの人数が少ないので、協働ができない。
　② 教師がいそがしいので、生徒のために使う時間が足りない。
　③ 教師の他に、教育のことをよく知っている専門家が少ない。
　④ ひとりで学ぶ場所を作るためのお金が足りない。

Step **3** 準備
じゅん び

1 クラスメートと話しましょう。

1）日本の高校生の自己肯定感が低いのは、なぜだろうか。（アメリカ、
　　じ こ こうていかん ひく
　　中国、韓国の高校生の自己肯定感が高いのは、なぜだろうか。）
　　ちゅうごく　かんこく　　　　　　　　　じ こ こうていかん
2）日本の教育の専門家は、教育に原因があると考えているようだ。
　　　　きょういく せんもん か　きょういく げんいん　　かんが
　　どのような教育をすれば、自己肯定感が高まるのだろうか。
　　　　　　　きょういく　　　　じ こ こうていかん たか

高まる：to enhance/升高
たか　　　/nâng lên

日本の大学生が中学校や高校のときを思い出して、話しています。◯◯◯◯を読ん
　　　　　　　　　　　　　　　おも だ
で、話し合いの参考にしましょう。
　あ　　　さんこう

参考にする：to refer to/
さんこう　参考,借鉴/tham
khảo

親や先生が厳しかった。テストの点数が悪いと、しかられた。
おや　　きび　　　　　　　てんすう　わる

中学、高校の勉強が難しかった。「私ってすごい！」とは思え
　　　　べんきょう むずか　　　　わたし　　　　　　　　おも
なかった。

部活でも試合に勝つことだけが求められた。「Nice try!」とい
ぶ かつ　しあい か　　　　　　もと
うムードじゃなかった。

部活：club activities/社团活动/câu lạc bộ
ぶかつ

クラスの人数が多くて、自分をアピールすることができなかった。
　　　　にんずう　おお　　　じぶん

授業中、先生が話すだけで、生徒は聞いていることが多かっ
じゅぎょうちゅう　　　はな　　　　　せいと　き
た。自分の意見を言うチャンスは少なかった。
　じぶん　いけん　い

自分の個性を出して「変なヤツ」と思われるのが怖かった。
じぶん　こせい　だ　　へん　　　　おも　　　　こわ
空気を読んで目立たないようにしていた。
くうき　よ　　めだ

個性：individuality/个性/cá tính　　変なヤツ：weirdo/奇怪的人/đứa bất thường
こせい　　　　　　　　　　　　　　　へん
空気を読む：to read how others feel/察言观色/biết để ý xung quanh
くうき　よ

2 「自己肯定感を高める教育」の提案をグループで3つ考えましょう。提案の理由も考えましょう。

	提案	理由
例	1クラスの人数を減らすべきだ	ひとりひとりが授業 中に発言したり、活動するとき、活躍できるようにするため。

減らす：to reduce/减少/giảm　　　　　　　　発言する：to speak up/发言/phát biểu

1		
2		
3		

3 自分たちが考えた提案についてプレゼンテーションをします。例を見て、スクリプトを書きましょう。スクリプトの文は丁寧体（です・ます）を使います。

例）

はじめに introduction 序论 Mở đầu	あいさつ	みなさん、こんにちは。 私たちは、「キラキラ教育グループ」です。
	説明 せつめい	私たちは、自己肯定感を高めるためには、どのような教育をするべきかについて発表します。 （私たちは、自己肯定感を高める教育について発表します。）
本論 ほんろん main discussion 本论 Phần chính	1つ目の提案と その理由 りゆう	まず、先生の仕事の量を減らす**べき**だと思います。 （1つ目の提案は、先生の仕事の量を減らすということです。） 先生がいそがしいと、学生と過ごす時間が少なくなって、学生ひとりひとりの個性や良さに気づけないからです。
	2つ目の提案と その理由 りゆう	次に、1クラスの人数を減らす**べき**だと思います。 （2つ目の提案は、1クラスの人数を減らすということです。） 1クラスの人数が多いと、静かな学生やおとなしい学生が、自分の個性をアピールできないからです。
	3つ目の提案と その理由 りゆう	最後に、政府は教育にもっとお金をかけ**たほうがいい**と思います。 （3つ目の提案は、政府が教育にもっとお金をかけるということです。） **そうしないと**、先生の数を増やして仕事の量を減らしたり、1クラスの人数を減らしたりできないからです。
	どのように 良くなるのか予想 よそう	以上、3つの提案を発表しました。**このようにすれば**、先生と学生の関係が良くなったり、学生が自分の個性を表現することができたりして、学生の自己肯定感が**高くなる**と思います。
おわりに conclusion 结论 Kết luận	あいさつ	私たちのプレゼンテーションは以上です。ご清聴ありがとうございました。

はじめに	あいさつ	
	説明 せつめい	
本論 ほんろん	1つ目の提案と その理由 ていあん りゆう	
	2つ目の提案と その理由 ていあん りゆう	
	3つ目の提案と その理由 ていあん りゆう	
	どのように 良くなるのか予想 よ よそう	
おわりに	あいさつ	

Lesson 5　教育を考えよう

表現
ひょう　げん
プレゼンテーションをするときに使える表現
つか　　　　　ひょうげん

提案する
ていあん

Making Suggestions / 提案，建议 / Đề xuất

「～するべきだ」「～｛する／した｝ほうがいい」

"べきだ" expresses obligation or necessity in the same way as "なければならない," but "べきだ" is used more often to say so as judged from a social/common sense point of view. "べきだ" can be used as advice or counsel when used for a specific audience, but it is more often used for society or a group as a whole than for an individual. It can also be used as a suggestion in a presentation, as in this section. Note that the negative is "するべきではない." "べきだ" can only be used with verbs of intention. It takes "the dictionary form of the verb + べきだ."

"べきだ" 和 "なければならない" 一样，都表示义务或者必要性。不过 "べきだ" 一般更用于想表达 "社会性的／从常识上来考虑是这么判断的" 的时候。"べきだ" 可以用在表示给特定的对方忠告或建议上，但比起对个人，对社会或者团体整体的会更多一些。像这节课的演讲中一样，也可以作为建议来使用。要注意它的否定形式的变形是 "するべきではない"。要注意可以使用 "べきだ" 的只有意志动词。它的变形是 "动词的原形 + べきだ"。

「べきだ」 cũng giống như 「なければならない」 thể hiện nghĩa vụ cũng như tầm quan trọng cần làm gì, nhưng một việc gì đó được đánh giá dựa trên quan niệm xã hội hay lẽ thường tình thì 「べきだ」 được sử dụng nhiều hơn. 「べきだ」 cũng có thể được sử dụng để khuyên răn hay khuyến cáo một đối tượng cụ thể nhưng dùng đối với một nhóm hay một tổ chức thì nhiều hơn là so với một cá nhân. Giống như trong bài này, cũng có thể sử dụng để đưa ra đề xuất khi thuyết trình. Chú ý thể phủ định là 「するべきではない」. Chỉ động từ ý chí mới có thể dùng với 「べきだ」. Cấu trúc là 「thể từ điển của động từ + べきだ」.

・学校では、もっと学生の個性を ｛大切にするべきです／大切にすべきです｝。
　　　　　　　　　　こせい　　　　　　たいせつ　　　　　　　　　　　　たいせつ
　　　　　　　　　　　　　　※「する」→「するべきだ」「すべきだ」どちらも使います。
　　　　　　　　　　　　　　　　　　　　　　　　　　　　　　　　　　　　つか

・学校には、学生が自由に使えるパソコンを置くべきだと思います。
　　　　　　　　　　じゆう　つか　　　　　　　　お　　　　　　　おも

・先生は、悪い点を取った学生をしかるべきではありません。
　　　　わる　てん　と

The phrase "～｛する／した｝ほうがいい" expresses that the action is desirable. Both "する" and "した" are used, but "したほうがいい" is more likely to be used when giving advice to a specific person. On the other hand, "（Bするより）Aするほうがいい" is more likely to be used when used in the sense that A is better than B in general terms. As mentioned in this section, it can also be used as a suggestion in a presentation. In a presentation, it is used in the form "～ほうがいいと思います."

"～｛する／した｝ほうがいい" 是 "希望做某事" 的表达方式。"する" "した" 两者都可以使用，不过在给特定的（具体的）对象建议的时候，"したほうがいい" 更易于使用。作为一般论来说，在表达 "A 与 B 相比，A 更好的" 的意思时，会更偏向使用 "（Bするより）A するほうがいい"。比如这节课中出现的一样，也可以在演讲中作为建议使用。演讲中会用 "～ほうがいいと思います"。

「～｛する／した｝ほうがいい」 là cấu trúc thể hiện một hành động nào đó nên được thực hiện. Có thể dùng cả 「する」「した」 nhưng trong trường hợp đưa ra lời khuyên (cụ thể) đối với một cá nhân xác định thì cách dùng 「したほうがいい」 dễ sử dụng hơn. Mặc khác, trong trường hợp so sánh giữa A và B, nếu A tốt hơn thì người ta thường sử dụng 「（Bするより）Aするほうがいい」. Giống như trường hợp trong bài này, cũng có thể sử dụng để đưa ra đề xuất khi thuyết trình, trình bày. Trong thuyết trình, trình bày thì hình thức「〜ほうがいいと思います」được sử dụng.

・<一般的な提案として> 子どもには、（テレビを見せるより）なるべくたくさん本を<u>読ま</u><u>せる</u>**ほうがいい**と思います。

・<子どもへのアドバイスとして> なるべく本を<u>読んだ</u>**ほうがいいよ**。

ある条件で、良いことが起きると予想する
Expecting Something Positive to Result Under Certain Conditions /
预想在某个条件下会发生好事 /
Dự đoán một điều tốt có thể xảy ra trong điều kiện nào đó

「〜ば、{ーようになる／ーくなる／ーになる}と思う」

「〜ば」の作り方

1グループ	u → eba	買う(ka<u>u</u>) → 買<u>え</u>ば(ka<u>e</u>ba)	
2グループ	ru → reba	借りる(kari<u>ru</u>) → 借り<u>れ</u>ば(kari<u>re</u>ba)	
3グループ	する → すれば、来る → 来れば		
い形容詞	i → kereba	安い(yasu<u>i</u>) → 安<u>けれ</u>ば(yasu<u>kere</u>ba)	

This expression indicates what kind of change will occur if a proposal is followed. When saying that a good change will happen under certain conditions, "ば" is often used to indicate the condition(s). After making a proposal, you can also point to it with "そうする" or "このようにする" and say "そうすれば" or "このようにすれば." The resulting change is expressed by "the dictionary form of the verb + ようになる," "い-adjective + くなる," and "な-adjective + になる."

"照建议做之后会有什么样的变化"的表现。表达在某种条件下发生了好的变化的时候，多用"ば"来表示条件。叙述完建议的内容后，也可以用"そうする""このようにする"作为指示，以"そうすれば""このようにすれば"的形式来表达。变化的表达方式是，"动词的原形 + ようになる""い形容词 + くなる""な形容词 + になる"。

Là cách nói sự thay đổi khi một sự việc nào đó diễn ra như đề xuất. Trường hợp thể hiện một sự thay đổi tốt đẹp trong một điều kiện nào đó thì「ば」được sử dụng để thể hiện điều kiện. Sau khi trình bày nội dung đề xuất, thay vì dùng「そうする」「このようにする」có thể sử dụng「そうすれば」「このようにすれば」để nói. Cách nói thể hiện sự biến đổi, chúng ta có những cách nói như「thể từ điển của động từ + ようになる」「tính từ "i" + くなる」「tính từ "na" + になる」.

・学生の良いところを<u>認めれば</u>、自己肯定感が<u>高くなる</u>**と思います**。

・グループワークを<u>多くすれば</u>、得意なことがもっと<u>得意になる</u>**と思います**。

・日本の学校は、１クラスの人数を減らすべきです。**そうすれば**、学生ひとりひとりがもっと自分の意見を<u>言えるようになる</u>**と思います**。

※ない形 → 不安にならなくなる
先生がいそがしくなくなる
苦手ではなくなる

ある条件で、良くないことが起きると予想する

じょうけん　　　　　よ　　　　　　　　　　　　　　　　お　　　　　　　よそう

「〜と、ー」

This expression indicates what will happen if the proposed course of action is not taken (if things remain as they are now). When saying that something negative will happen under certain conditions, we often use "と" to indicate the conditions. After stating what the proposal is, you can also point to it with "そうする" or "このようにする" and say "そうしないと" or "このようにしないと." The dictionary form of the verb + the ない form come before the "と."

"如果不照建议做的话（一直保持原样的话）会发生什么样的事"的表现。表达在某个条件下发生不好的事情的时候，多用"と"来表示条件。叙述完建议的内容后，也可以用"そうする""このようにする"作为指示，变成"そうしないと""このようにしないと"的形式来表达。在"と"的前面用原形或者否定形。

Cách thể hiện nếu như không làm theo như đề xuất (mà cứ ở tình trạng như bây giờ) thì có thể xảy ra vấn đề nào đó. Khi muốn nói, ở một điều kiện nào đó có thể xảy ra điều không tốt thì chúng ta thường sử dụng 「と」để nói đến điều kiện. Sau khi trình bày nội dung đề xuất, các bạn có thể chỉ ra điều đó với 「そうする」 hoặc 「このようにする」và nói 「そうしないと」hoặc 「このようにしないと」. Trước 「と」 chúng ta sử dụng thể từ điển và thể "nai".

・学生をあまりほめ<u>ない</u>と、自己肯定感は高くならないと思います。
　　　　　　　　　　　　　　じ　こ　こうていかん　　　　　　　　　　おも

・先生の仕事が多すぎると、先生になりたいと思う人が減ってしまいます。
　　　　しごと　　　　　　　　　　　　　　　　　　　　おも　　　へ

・日本の学校は、１クラスの人数を減らすべきです。**そうしないと**、学生ひとりひとりが
　　　　　　　　　　　　　ひと　　にんずう　へ

　活躍できる場が増えないからです。
　かつやく　　　ば　ふ

発 表
<ruby>発<rt>はっ</rt></ruby> <ruby>表<rt>ぴょう</rt></ruby>

1 発表をしましょう。
　　はっぴょう

発表のながれ
はっぴょう

1 クラスメートに自分たちが考えた提案について発表します。
　　　　　　　　　じ ぶん　　　　　かんが　　　ていあん　　　　　はっぴょう

2 聞いている人は、発表しているグループの提案のポイントを、下の
　　　　　　　　　　　　　はっぴょう　　　　　　　　　　　ていあん
ワークシートにメモします。

3 発表が終わったら、以下の点についてグループで話し合いをします。
　　はっぴょう　お　　　　　い か　てん　　　あ
　　・よく聞こえなかったところ、わからなかったところ

　　・面白いと思ったところ
　　　おもしろ　　おも

　　・賛成できる提案、賛成できない提案
　　　さんせい　　　　ていあん　さんせい　　　　　ていあん

4 グループごとに質問をしたり、コメントをしたりします。発表者は質
　　　　　　　　　　しつもん　　　　　　　　　　　　　　　　はっぴょうしゃ　しつ
問に答えます。
もん　こた

賛成する：to agree/赞成/
さんせい　　　　tán thành

他のグループの提案をメモしましょう。
ほか　　　　　　　　ていあん

	(	) グループ
提案 ていあん	①	
	②	
	③	

	(	) グループ
提案 ていあん	①	
	②	
	③	

ふりかえり

この課の目標をもう一度ふりかえりましょう。できましたか、できませんでしたか。

この課の目標

日本を知ろう！	◎	○	△
日本の高校生が自分自身をどのように考えているのかを知る			
他の国と比べて、日本の高校生の自己肯定感にどのような特徴があるのかを知る			
日本の学校の現状や、その問題点について知る			

日本語を使おう！	◎	○	△
性格や感情に関することばを覚える			
教育についての説明文を読んで理解する			
提案や予想の表現が使えるようになる			
問題を解決する提案を書いて、プレゼンテーションをする			

この課で学べたこと、よくわかったこと

リサイクルを考えよう
物をむだにしないアイデアの提案

物（もの）　提案（ていあん）　考（かんが）

この課の目標
か　もくひょう

日本を知ろう！
し

日本人がゴミを減らすために、どのようなことをしているのかを知る へ　　し	Learn what the Japanese are doing to reduce waste 了解日本人为了减少垃圾做了什么样的事情 Tìm hiểu cách người Nhật làm thế nào để giảm thải lượng rác
江戸時代にどのようなリサイクルがあったのかを知る えどじだい　　　　　し	Learn what kind of recycling was done in the Edo period (1603–1868) 了解江户时期（1603–1868）有过哪些循环利用的例子 Tìm hiểu thời đại Edo (1603–1868), người ta đã tái chế thế nào
今の日本のリサイクルの問題を知る もんだい　し	Learn about the problems of recycling in Japan today 了解现在的日本在循环利用上的问题 Tìm hiểu về vấn đề tái chế của Nhật Bản ngày nay

日本語を使おう！
つか

リサイクルに関することばを覚える かん　　　　　おぼ	Learn words related to recycling 掌握循环使用的相关词汇 Nhớ những từ vựng liên quan đến tái chế
リサイクルについての説明文を読んで理解する せつめいぶん　よ　　りかい	Read and understand explanations about recycling 阅读并理解关于循环使用的说明文 Đọc hiểu những bài giải thích về vấn đề tái chế
提案や解決策を言う表現が使えるようになる ていあん　かいけつさく　い　ひょうげん　つか	Be able to use expressions to make suggestions and solutions 学会使用企划与解决的表达方式 Vận dụng được những cách nói về đề xuất và đưa ra phương án giải quyết
問題を解決する提案を書いて、プレゼンテーションをする もんだい　かいけつ　　ていあん　か	Write and present proposals to solve problems 写一份解决问题的企划，并做演讲 Viết đề xuất cho những phương án giải quyết vấn đề và trình bày

● ことば ●

1 下はゴミやリサイクルに関する物や行動の写真です。①～⑦の名前は何で
すか。⑧と⑨は何をしていますか。日本語で書きましょう。

> 行動：action/行动/hoạt động

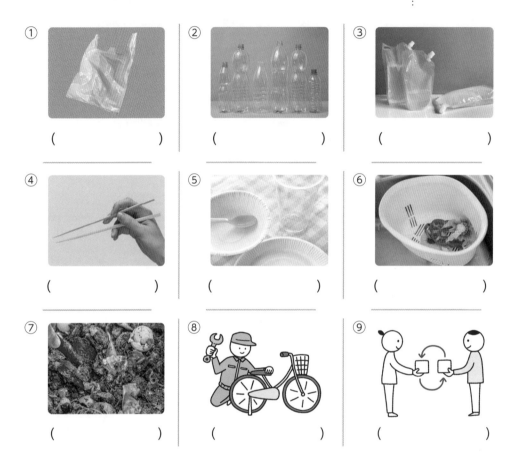

① (　　　　　　　　　)
② (　　　　　　　　　)
③ (　　　　　　　　　)
④ (　　　　　　　　　)
⑤ (　　　　　　　　　)
⑥ (　　　　　　　　　)
⑦ (　　　　　　　　　)
⑧ (　　　　　　　　　)
⑨ (　　　　　　　　　)

2 下の写真の中に見える物の名前をあげてみましょう。この写真を見て、どう思いますか。

活動
かつどう

1 次のアンケートの質問に答えましょう。
つぎ　　　　　　　　　　　　　しつもん　こた

ゴミを減らすためにしていることはありますか。1から9について、当て
へ　　　　　　　　　　　　　　　　　　　　　　　　　　　あ
はまる行動に〇を書きましょう。また、この中にないことで、自分でゴミ
こうどう　　　　　　　　　　　　　　　　　　　じぶん
を減らすためにしていることがあれば、10 に書きましょう。
へ

> アンケート：questionnaire/
> 调查问卷/bảng
> khảo sát
>
> 当てはまる：corresponding/
> あ　　　　　　対应/thích hợp

	質問 しつもん	〇
1	ペットボトルに入った飲み物を買わない。 もの	
2	スーパーやコンビニで、レジ袋を買わない。 ぶくろ	
3	詰め替え製品を使う。 つ か せいひん つか	
4	割りばしやストローや、使い捨て食器を使っていない店を選ぶ。 わ つか す しょっき つか えら	
5	こわれたものは修理して何度も使う。 しゅうり なん ど つか	
6	友人などと、いらないものを交換して使う。 ゆうじん こうかん つか	
7	すぐに新しいものを買わないで、できるだけレンタルする。	
8	食べられる量だけ買って、食べ物を捨てない。 りょう もの す	
9	生ゴミをたい肥にする。 なま ひ	
10		

※ _____ は、p.104 の **1** ①〜⑨に出てくることばです。

Lesson 6　リサイクルを考えよう

105

2 ペアになってパートナーに質問してみましょう。

① どのように聞けばいいでしょうか。＿＿の部分を変えて、習慣を聞く質問文を書いてみましょう。

② パートナーの答えを聞いて、している行動に○を書きましょう。

	質問	○
1	ペットボトルに入った飲み物を買わない。 →　ペットボトルに入った飲み物を買わないようにしていますか。	
2	スーパーやコンビニで、レジ袋を買わない。 →	
3	詰め替え製品を使う。 →	
4	割りばしやストローや、使い捨て食器を使っていない店を選ぶ。 →	
5	こわれたものは修理して何度も使う。 →	
6	友人などと、いらないものを交換して使う。 →	
7	すぐに新しいものを買わないで、できるだけレンタルする。 →	
8	食べられる量だけ買って、食べ物を捨てない。 →	
9	生ゴミをたい肥にする。 →	
10		

3 次のグラフは、ふだん日本人がゴミを減らすためにどのようなことをしているのかを調査したアンケートの結果です。これを参考にして話しましょう。

調査する：to survey/调查/điều tra
結果：results/结果/kết quả
参考にする：to use as reference/作为参考/tham khảo

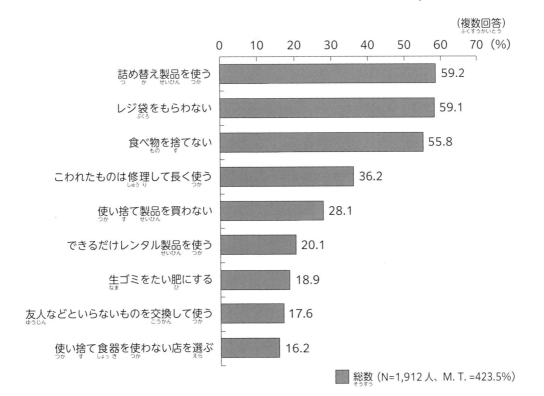

（複数回答）

総数（N=1,912 人、M. T. =423.5%）

出典：内閣府「環境問題に関する世論調査」（平成 24 年 6 月調査）<https://survey.gov-online.go.jp/h24/h24-kankyou/>
※「あなたは日頃、ごみを少なくするために行っている行動はありますか。あなたが行っている行動をこの中からいくつでもあげてください」というアンケートで、1,912 名の日本人が回答している。わかりやすいように、日本語の表現を若干書き換え、ルビを付した。

Lesson 6　リサイクルを考えよう

1) 日本人がゴミを減らすためによくしていることは何ですか。あまりしていないことは何ですか。

2) 日本に来て（日本のことを聞いて）おどろいたこと、感じたことはありますか。

例）・野菜ひとつひとつがビニール袋に入っているのを見て、むだだと思った。

・家具がついているマンション、アパートが少ないと聞いて、家具のリサイクルは自分の国のほうがよくやっていると思った。

3) これらのリサイクルは、日本人が昔からやっていたと思いますか。

例）・昔は日本でも生ゴミをたい肥にしていたのではないか。

・昔は使い捨て食器がなかったと思う。

家具：furniture/家具/bàn ghế, đồ dùng trong nhà

107

🎧 リスニング

1 聞く前に考えましょう。
　　かんが

江戸時代（1603-1868）の説明として正しいと思う内容には〇、間違っ
え ど じ だい　　　　　　　　せつめい　　　　　ただ　　　おも　ないよう　　　　　　　　まちが
ていると思う内容には×を書きましょう。
　　　おも　ないよう

1）着物は特別な日に着る服だった。　　　　　　（　　　　）
　　きもの　とくべつ　ひ　き　ふく

2）武士はいつも新しい着物を買って着ていた。　（　　　　）
　　ぶ し　　　　あたら　　きもの　か　き

3）人々は着物が汚れるとすぐに捨てていた。　　（　　　　）
　　ひとびと　きもの　よご　　　　　す

4）着物は燃やした後もリサイクルして使われた。（　　　　）
　　きもの　も　　　あと　　　　　　　　つか

武士：samurai／武士／võ sĩ
ぶ し

燃やす：to burn／点燃,燃
も　　　　　　　烧／đốt

2 聞く前に下のことばを確認しましょう。
　　　　　　した　　　　　　　かくにん

《ことば》

1	成人式 せいじんしき	coming of age ceremony	成人典礼	lễ Thành nhân
2	ふだん着 ぎ	casual wear	便服,日常衣着	quần áo mặc thường ngày
3	高価（な） こうか	expensive	高价的	mắc
4	古着屋 ふるぎや	secondhand clothing store	中古服装店	cửa hàng bán quần áo cũ (đồ sida)
5	江戸文化研究者 え ど ぶんか けんきゅうしゃ	Edo culture researcher	江户文化研究者	nhà nghiên cứu văn hóa Edo
6	～氏 し	Mr/s. ~	～氏	bà (nghĩa trong bài)
7	いたむ	to mend	刮伤,划伤	làm hư
8	ぬい直す なお	to resew	重新缝制	khâu lại
9	そめる	to dye	染色	nhuộm
10	座布団 ざ ぶ とん	cushion	坐垫	gối thiền, gối kiểu Nhật
11	ぞうきん	rag	抹布	khăn lau
12	ボロボロになる	to be torn to shreds	变成破破烂烂的	cũ nát
13	灰を 畑 にまく はい　はたけ	to sow ashes in the field	把灰撒在田里	rắc tro lên ruộng
14	肥料 ひりょう	fertilizer	肥料	phân bón
15	資源 し げん	resources	资源	tài nguyên
16	自然 し ぜん	nature	自然	tự nhiên
17	めざす	to aim	以～为目标	hướng đến
18	循環型社会 じゅんかんがたしゃかい	recycling-oriented society	循环型社会	xã hội theo quy luật tuần hoàn

19	フリマアプリ	flea market app	跳蚤市场的手机版应用程序	ứng dụng "chợ trời" (ứng dụng đăng bán đồ cũ đã dùng qua)
20	愛用する あいよう	to frequently use	爱用,喜欢用	thích dùng
21	消費行動 しょうひこうどう	consumption behavior	消费行为	hoạt động tiêu dùng
22	産業革命 さんぎょうかくめい	industrial revolution	工业革命	cách mạng công nghiệp
23	大量生産 たいりょうせいさん	mass production	大量生产	sản xuất hàng loạt
24	大量消費 たいりょうしょうひ	mass consumption	大量消费	tiêu thụ hàng loạt
25	持続する じぞく	to sustain	持续	tồn tại
26	述べる の	to state, describe	陈述,叙述	nói, nêu lên

 音声
おんせい

3 話を聞いて、（　　　）にことばを書きましょう。

江戸時代のリサイクル
えどじだい

1　　現在、着物は成人式などの（①　　　　　　　　　）にだけ着るものだが、昔は毎日の生活で
げんざい　きもの　せいじんしき　　　　　　　　　　　　　　き　　むかし　　　せいかつ
着る「ふだん着」だった。しかし、着物はとても高価なものだったので、江戸時代、ふつうの
き　　　　ぎ　　　　　　　　　きもの　　　　　こうか　　　　　　　　えどじだい
人々や武士の多くは古着屋で安く着物を買い、何度も（②　　　　　　　　　）していたという。
ひとびと　ぶし　　　　ふるぎや　　　きもの　か　　なんど

　　江戸文化研究者の田中優子氏によると、江戸の人々は着物が汚れたり、いたんだりすると
えどぶんかけんきゅうしゃ　たなかゆうこし　　　　えど　ひとびと　きもの　よご
5　その部分だけを切って、ぬい直したそうだ。全体的に古くなると、もう一度そめて
ぶぶん　　　き　　　　なお　　　　　　ぜんたいてき　ふる　　　　　いちど
（③　　　　　　　　　）の着物に直したりもした。着物として使えなくなると布団や座布団
きもの　なお　　　　　きもの　　　つか　　　　　ふとん　ざぶとん
にしたり、ぞうきんにしたりして使った。最後はボロボロになった着物を燃やして、出た灰
つか　　　さいご　　　　　　　　　きもの　も　　　　　で　　はい
を畑にまいて肥料にしたというのだ。資源を自然から受け取って、また自然の中へ
はたけ　　　　ひりょう　　　　　　　しげん　しぜん　　う　と　　　　　しぜん　なか
（④　　　　　　　　　）。この江戸時代のシステムを田中氏は「今後の日本がめざすべき循環
えどじだい　　　　　　たなかし　こんご　にほん　　　　　　　じゅんかん
10　型社会」と考えている。
がたしゃかい　かんが
　　最近、日本では「メルカリ」の（⑤　　　　　　　　　）フリマアプリに人気が集まってい
さいきん　にほん　　　　　　　　　　　　　　　　　　　　　にんき　あつ
る。洋服や家具など、何か必要なものがある場合、（⑥　　　　　　　　）フリマアプリを
ようふく　かぐ　　　なに　ひつよう　　　　　ばあい
チェックするという人が増えているそうだ。田中氏はこのようにフリマアプリを愛用する
ふ　　　　　　たなかし　　　　　　　　　　　あいよう
人々の行動の（⑦　　　　　　　　）として、その消費行動には、「産業革命から続いた大
ひとびと　こうどう　　　　　　　　　　　　しょうひこうどう　さんぎょうかくめい　つづ　たい
15　量生産、大量消費では、もう世界は持続できない」という、人々の考え方の変化がある
りょうせいさん　たいりょうしょうひ　　せかい　じぞく　　　　　　　ひとびと　かんが　かた　へんか
と述べている。
の

4 **1**の答えを確認しましょう。
こた　かくにん

1 読む前に考えましょう。
かんが

▶▶▶ **1 段落**
だんらく
日本では、1 年間にどれくらいの服が売れ残っていると思
ふく う のこ おも
いますか。

▶▶▶ **2 段落**
だんらく
服が売れ残ってしまうのはどうしてでしょうか。
ふく う のこ

▶▶▶ **3 段落**
だんらく
売れ残った服は、どうなるのでしょうか。
う のこ ふく

▶▶▶ **4 段落**
だんらく
江戸時代に比べて、今の日本人は服を大切に着ていると言え
え ど じ だい くら ふく たいせつ き
るでしょうか。

売れ残る：to remain
う のこ
unsold／卖剩下的／
bán ế, tồn

2 読みましょう。

捨てられる新品の服
す しんぴん ふく

1　　最近、様々な場所でリサイクルショップを見るようになった。筆者のまわりではフリマア
さいきん さまざま ばしょ ひっしゃ
プリを愛用している友人も多い。リサイクルショップやフリマアプリの一番の「売り」は服
あいよう ゆうじん いちばん う ふく
なので、それだけリユース (reuse) される服が増えているのだろう、物が大切にされるのは良
ふく ふ もの たいせつ よ
いことだ、と思っていた。しかし先日、ある報道番組を見ておどろいた。現在（2017 年時
おも せんじつ ほうどうばんぐみ げんざい じ
5　点）、日本では大量の服のむだが問題になっているという。日本で 1 年間に市場に出る服
てん たいりょう ふく もんだい しじょう ふく
は約 28 億点だが、そのうち半分の 14 億点が売れ残り、捨てられているそうだ。これはな
やく おくてん おくてん う のこ す
ぜだろうか。

新品：new products／新货, 新的／hàng mới
しんぴん
筆者：author／作者 (指客观表达写篇文章的作者本人, 我)／
ひっしゃ
tác giả
売り：sale／卖点, 卖／điểm mạnh
う
報道番組：news program／报道节目／chương trình phóng sự
ほうどうばんぐみ

〜時点：at X point in time／〜时间／thời điểm
じ てん
市場：market／市场／thị trường
し じょう
〜点：A counter used for counting products／数商品时使
てん　　用的助数词, 〜件／món

番組によると、服は企画から販売までに1年近くかかるということだ。しかし1年後のニーズを予想するのは難しく、売れ残りが出やすい。また、商品のモデルチェンジが年々早くなっているため商品の入れ替えが早くなり、ますます売れ残りが出やすくなったそうだ。さらに、品切れにならないように必要以上の量を生産してしまうことも原因のひとつだという。

それでは売れ残った服はどうなるのだろうか。アパレルメーカーのタグを取って、安い値段で別の業者に売られることもあるが、それは良い方で、新品のまま燃やされて捨てられるケースも多いという。都内のあるゴミ処理場では、アパレルメーカーから持ち込まれる新品の服を1年間に200トン（t）燃やしているというから、おどろきだ。

新品のまま捨てられる商品も問題だが、買われた服はどうだろうか。安く販売して短い期間でモデルチェンジをくりかえす「ファストファッション」という言葉も一般的になった。リサイクルショップやフリマアプリが人気だというが、それだけ多くの人が服をすぐに買い、すぐに手放しているということかもしれない。どちらにしても、江戸時代のように一枚の服をボロボロになるまで大切に着るという文化ではなくなってきているということだ。

企画：planning/规划/thiết kế
販売：selling/销售/bán, phân phối
年々：year by year/年年, 每年/hàng năm
入れ替え：replacement/更换/thay đổi
ますます：more and more/越来越, 越发/càng ngày càng
さらに：furthermore/并且(表示递进)/hơn nữa
品切れ：out of stock/售罄, 断货/hết hàng
生産する：to produce/生产/sản xuất
アパレルメーカー：apparel manufacturer/服装制造商/công ty may mặc

タグ：tags/标签, 标价/nhãn mác
業者：manufacturer/商家/nhà buôn, nhà kinh doanh
都内：metropolitan area/东京都内/trong thủ đô
ゴミ処理場：garbage disposal/垃圾处理场/nơi xử lý rác thải
持ち込む：to bring in/带入, 带进来/mang đến
くりかえす：to repeat/反复/lặp đi lặp lại
一般的(な)：general/一般的, 普遍的/thông dụng
手放す：to let go of/出售转让, 赠送/bỏ đi

3 本文の内容について答えましょう。

1) 2017年時点で、日本で1年間に売れ残る服はどれくらいありますか。正しい答えを1つ選びなさい。

① 28億点
② 14億点
③ 200トン

2) どうして多くの服が売れ残るのですか。正しくないものを1つ選びなさい。

① 服を作るには時間がかかるが、その間にニーズが変わってしまうから。
② モデルチェンジが早く、すぐに新しい商品と入れ替えてしまうから。
③ 品切れにならないように、多くの服を作ってしまうから。
④ 売れ残った服を、安い価格で別の業者に売りたいから。

3) 3段落に「それは良い方で」とありますが、「それ」とは何ですか。正しい答えを1つ選びなさい。

① 売れ残りの服がたくさん出ること
② タグを取って、安い価格で別の業者に売られること
③ 新品のまま燃やされること

4) 3段落に「おどろきだ」とありますが、何におどろくのですか。正しい答えを1つ選びなさい。

① 新品の服が大量に燃やされていること
② 市場に出る服が大量にあること
③ 服の企画から販売まで長い時間がかかること

5) 今と江戸時代を比べて、筆者はどのような意見を持っていますか。正しい答えを1つ選びなさい。

① 今の人は、江戸時代の人ほど服を大切にしていない。
② 江戸時代の人は、今の人ほど服を大切にしていない。
③ 今の人も江戸時代の人も、それほど服を大切にしていない。

4 クラスメートと話しましょう。

1）「江戸時代のリサイクル」と「捨てられる新品の服」の内容について、どう思いましたか。

2）みなさんの国で、または日本で、「あまりリサイクルできていない」「これはむだだ」と思うことはありますか。それはどのようなことですか。

3）むだをなくすために、どのようなリサイクルをすればいいと思いますか。自分たちが提案できることを考えてみましょう。

［アイデアをメモしましょう。］

> 日本では「リユース (Reuse)」「リデュース (Reduce)」「リサイクル (Recycle)」の総称として、「リサイクル」を使うことがあります。このプロジェクト・ワークでの提案も「リユース」の提案でもいいし、「リデュース」の提案でもいいです。

総称として：for general term, generic term／作为～的总称／gọi chung

準備
じゅんび

1 下の提案書を例にして、自分たちの提案書を書きましょう。
てい あんしょ れい じ ぶん てい あんしょ

> 提案書：proposal/企划书/
> ていあんしょ　　　bảng đề xuất

例）
れい

提 案 書
てい あん しょ

> **提案** ▶ どのようなリサイクルをするのが良いか。
> ていあん 　　　　　　　　　　　　　　よ

アパレル企業 が売れ残った服を捨てることを禁止する。売れ残った
　　　き ぎょう　う の こ　ふく　す　　　　　　きん し　　う の こ
服は、貧しい国や困っている人に寄付する。
ふく　まず　　こま　　　　　　き ふ

> アパレル企業：apparel
> き ぎょう company/服装行业/
> công ty quần áo
> 禁止する：to prohibit/禁
> きん し 止/cấm
> 貧しい：poor/贫困,贫苦/
> まず nghèo

> **理由** ▶ どうしてその提案をするのか。どんな問題があるのか。
> り ゆう　　　　　　　　　　てい あん　　　　　もんだい

アパレル企業 は、売れ残った服をたくさん捨てているという。新品
　　　き ぎょう　　う の こ　ふく　　　　　す　　　　　　　　しんぴん
の服はまだ着られるので、もったいないし、資源のむだだ。
ふく　　　き　　　　　　　　　　　　　　　し げん

> 寄付する：to donate/捐
> き ふ 助,捐赠/tặng, hiến
> もったいない：a waste,
> wasteful/浪费的,可
> 惜的/lãng phí, uổng

> **メリット** ▶ その提案を実行すると、どんな良いことがあるのか。
> てい あん　じっこう　　　　　　よ

お金がなくて服が買えない人や貧しい国に寄付すれば、困っている
かね　　　ふく　か　　　　まず　　　き ふ　　　こま
人を助けられる。資源のむだがなくなる。
たす　　　し げん

> 実行する：to implement,
> じっこう execute/实行,实践/
> thực hiện
> 助ける：to help/帮助/
> たす giúp đỡ

> **デメリット** ▶ その提案を実行すると、良くないことがあるのか。
> てい あん　じっこう　　よ

服を貧しい国に寄付すると、ブランドのイメージが悪くなる。高いお
ふく　まず　　　き ふ　　　　　　　　　　　　わる
金を出してそのブランドの服を買おうとする人が減るかもしれない。
ふく　　　　　　　　　　へ

> 減る：to reduce/减少/
> へ giảm

> **デメリットへの解決策** ▶ デメリットに対してどうしたらいいか。
> かいけつさく　　　　　　　　　たい

タグやマークを外して寄付すると、ブランドのイメージはそれほど
はず　　き ふ
悪くならないのではないか。
わる
「服を捨てない企業」「リサイクルする企業」と宣伝すれば、イメー
ふく　す　　　き ぎょう　　　　　　　　き ぎょう　　せんでん
ジアップになるのではないか。

> 外す：to remove/取下,摘
> はず 掉/gỡ ra, bỏ đi

> 宣伝する：to advertise/宣
> せんでん 传/tuyên truyền

提　案　書
てい　あん　しょ

提案 ▶ どのようなリサイクルをするのが良いか。
ていあん　　　　　　　　　　　　　　　　　　　　　　　　　　よ

理由 ▶ どうしてその提案をするのか。どんな問題があるのか。
り ゆう　　　　　　　　　　　　ていあん　　　　　　　　もんだい

メリット ▶ その提案を実行すると、どんな良いことがあるのか。
　　　　　　　　　ていあん　じっこう　　　　　　　　よ

デメリット ▶ その提案を実行すると、良くないことがあるのか。
　　　　　　　　　　ていあん　じっこう　　　よ

デメリットへの解決策 ▶ デメリットに対してどうしたらいいか。
　　　　　　　　かいけつさく　　　　　　　　　たい

2 下のパワーポイントを例にして、提案を発表するためのパワーポイントを作りましょう。パワーポイントの文は普通体を使います。

① タイトルと名前

服のリサイクルの提案

> グループ：「なかよしリサイクル」
> メンバー：アイン、ジョン、チョルス

② 提案の内容

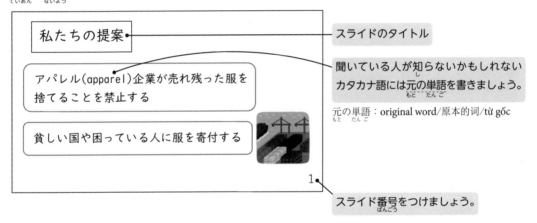

私たちの提案 ← スライドのタイトル

アパレル(apparel)企業が売れ残った服を捨てることを禁止する

貧しい国や困っている人に服を寄付する

聞いている人が知らないかもしれないカタカナ語には元の単語を書きましょう。

元の単語：original word／原本的词／từ gốc

1

スライド番号をつけましょう。

③ 提案の理由

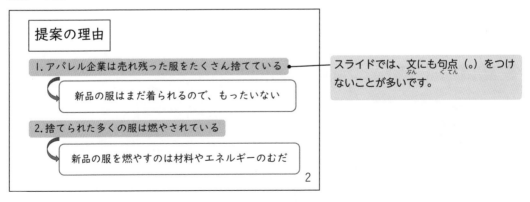

提案の理由

1. アパレル企業は売れ残った服をたくさん捨てている

　新品の服はまだ着られるので、もったいない

2. 捨てられた多くの服は燃やされている

　新品の服を燃やすのは材料やエネルギーのむだ

2

スライドでは、文にも句点（。）をつけないことが多いです。

④ 提案のメリット・デメリット

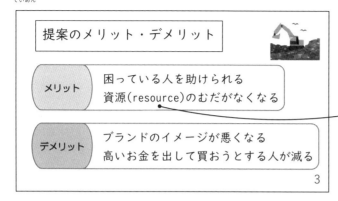

「資源」のような難しい言葉には、英語訳を書きましょう。

訳：translation/翻译/dịch

⑤ デメリットへの解決策

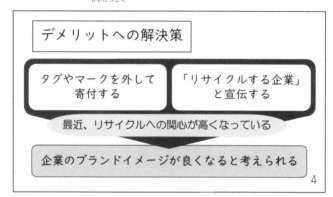

⑥ 最後のあいさつ

ご清聴、ありがとうございました

日本では、プレゼンテーションの最後に、このあいさつを言うことが多いです。「自分の話を聞いてくださって、ありがとうございました」という意味です。

3 例のように、パワーポイントに合わせてスクリプトを書きましょう。スク
リプトの文は丁寧体（です・ます）を使います。

> 合わせる：to suit, match,
> fit/结合/theo

例)

はじめに introduction 序论 Mở đầu	① あいさつ	みなさん、こんにちは。私たちは、「なかよしリサイクル」です。私たちは「服のリサイクルの提案」について発表します。
本論 body, subject 本论 Phần chính	② 提案の内容	私たちは、アパレル企業が売れ残った服を捨てることを禁止し、貧しい国や困っている人に服を寄付すること**を提案します**。 （アパレル企業は売れ残った服を捨てないで、貧しい国や困っている人に寄付する**べきです**。）
	③ 提案の理由	理由は２つあります。１つ目は、アパレル企業は売れ残った服をたくさん捨てているのですが、新品の服はまだ着られるので、もったいない**からです**。２つ目は、捨てられた多くの服は燃やされているのですが、新品の服を燃やすのは、服の材料や、燃やすためのエネルギーなど、資源をむだにしている**からです**。
	④ メリット・デメリット	貧しい国や困っている人に服を寄付すれば、困っている人を助けられるし、資源のむだがなくなる**というメリットがあります**。しかし、高価な服を売るアパレル企業が、貧しい国に服を寄付すると、そのブランドのイメージが悪くなり、高いお金を出してそのブランドの服を買おうとする人が減るかもしれない**というデメリットがあります**。
	⑤ デメリットへの解決策	このようなデメリットは、タグやマークを外して寄付したり、「リサイクルする企業」だと宣伝したりすれば、**解決できます**。最近はリサイクルへの関心が高くなっているので、イメージが良くなると考えられる**からです**。
おわりに conclusion 结论 Kết luận	⑥ あいさつ	私たちのプレゼンテーションは以上です。ご清聴ありがとうございました。

はじめに	① あいさつ	
本論 ほんろん	② 提案の内容 ていあん　ないよう	
	③ 提案の理由 ていあん　りゆう	
	④ メリット・ 　デメリット	
	⑤ デメリット 　への解決策 　かいけつさく	
おわりに	⑥ あいさつ	

表現 プレゼンテーションで使える表現

提案する（1）
「～（すること）を提案する」

Making Suggestions (1) / 建议（1）/ Đề xuất (1)

If what you want to propose is **a sentence** like "売れ残った服を寄付する," the verb is nominalized with "こと" to become "～することを提案する."
If what is proposed is **a noun**, such as "より良いリサイクルの方法," then "こと" is not necessary and it takes the form "～を提案する."

想要提出的建议内容像 "売れ残った服を寄付する" 这样是**一个句子**的时候，需要将动词加上 "こと" 名词化后变成 "～することを提案する" 的形式。
而想要提出的建议内容像 "より良いリサイクルの方法" 这样是**名词**的时候，不需要用 "こと"。直接用 "～を提案する" 来表达。

Trường hợp nội dung đề xuất giống như **câu**「売れ残った服を寄付する」, động từ kết hợp với「こと」để danh từ hóa câu muốn nói và sẽ trở thành câu sau「～することを提案する」.
Trường hợp nội dung muốn nói là **cụm danh từ** giống như「より良いリサイクルの方法」thì không cần「こと」. Hình thức sẽ là「～を提案する」.

・私たちは、売れ残った服を貧しい国や困っている人に寄付すること**を提案します**。
・私たちは、より良いリサイクルの方法**を提案します**。

提案する（2）
「～するべきだ」

Making Suggestions (2) / 建议（2）/ Đề xuất (2)

See Lesson 5 (pp. 98-99) for a grammatical explanation.

语法说明请参照 Lesson 5（pp. 98-99）。

Giải thích ngữ pháp tham khảo Lesson 5 (pp. 98-99).

・売れ残った服は、貧しい国や困っている人に ｛寄付する**べきです**／寄付す**べきです**｝。
　　　　　　　※「する」→「する**べきだ**」「す**べきだ**」どちらも使います。

・売れ残った服を燃やす**べきではありません**。

「～からだ」

After stating a suggestion, use "～からだ" to explain why. Before "～からだ" comes the plain form of the verb or い-adjective. In the case of a な-adjective and a noun, "～だ／である＋からだ" is used.

叙述完建议后，说明其理由时，用"～からだ"。动词或い形容词接在"～からだ"的前面。当是な形容词和名词时，则变成"～だ／である＋からだ"。

Sau khi đưa ra để xuất của mình, để giải thích lý do đó chúng ta sử dụng cấu trúc 「～からだ」. Trước 「～からだ」, chúng ta dùng thể ngắn của động từ hay tính từ -i. Đối với tính từ -na và danh từ, thì trở thành 「～だ／である＋からだ」.

・私たちは、売れ残った服を寄付することを提案します。新品の服を燃やすのは、資源のむだだ**からです**。

If there is more than one reason, it is easier to understand if you give notice that "理由は～{つ・点}あります" and state them in order like "1つ目は" and "2つ目は."

当理由在 1 个以上时，先用"理由は～{つ・点}あります"来预告，再根据"1つ目は""2つ目は"的顺序来叙述会更便于理解。

Trường hợp nói trên 1 lý do, chúng ta sử dụng cách nói 「理由は～{つ・点}あります」 (có ~ lý do) để dự báo, sau đó dùng 「1つ目は」「2つ目は」 (thứ nhất là..., thứ hai là ...) để giải thích sẽ dễ hiểu hơn.

・私たちは、売れ残った服を寄付することを提案します。**理由は2つあります。1つ目は**、新品の服を燃やすのは、資源のむだだ**からです。2つ目は**、世界には服を買えなくて、困っている人がたくさんいる**からです**。

「～ば、―というメリットがある」「～と、―というデメリットがある」

「～ば」の作り方

1グループ	u → eba	買う(kau) → 買えば(kaeba)
2グループ	ru → reba	借りる(kariru) → 借りれば(karireba)
3グループ	する → すれば、来る → 来れば	
い形容詞	i → kereba	安い(yasui) → 安ければ(yasukereba)

After stating a proposal, use "～ば、―というメリットがある" when stating its advantages. The "～ば" contains the content of the proposal. The "―" represents the positive result of implementing the proposal.

叙述完建议后，说其优点的时，用"～ば、―というメリットがある"。"～ば"中是建议的内容。"―"中是因实行建议后产生的正面的结果。

Sau khi đề xuất, để nói về lợi ích đó chúng ta dùng cách nói 「〜ば、―というメリットがある」. Phần 「〜ば」 là nội dung của đề xuất. Trong phần 「―」, chúng ta đưa hiệu quả có lợi khi thực hiện đề xuất đó.

・服を寄付すれば、困っている人を助けられるというメリットがあります。
　　ふく　き ふ　　　　こま　　　　　　　たす
　　提案の内容　　　　　プラスの結果＝メリット
　　ていあん　ないよう　　　　　　けっか

On the other hand, when referring to a disadvantage, use the phrase, "〜と、―というデメリットがある." Since "〜ば" tends to be used when a positive result comes from implementing the proposal, use "〜と" to indicate a disadvantage. The "―" represents the negative result of implementing the proposal.

另一方面，说其缺点时，用"〜と、―というデメリットがある"。"〜ば"表示因实行建议后产生的正面的结果，而表示缺点的时候则用"〜と"。"―"表示因实行建议后产生的负面的结果。

Mặt khác, khi muốn nói về điều bất cập chúng ta dùng cấu trúc 「〜と、―というデメリットがある」. Khi sử dụng 「〜ば」, thể hiện ý nếu như thực hiện điều đó thì sẽ dẫn đến kết quả có lợi, còn nếu sử dụng 「〜と」 thì thể hiện kết quả bất lợi. Ở vị trí 「―」 là kết quả tiêu cực xảy ra nếu thực hiện đề xuất đó.

・服を寄付すると、ブランドのイメージが悪くなるというデメリットがあります。
　　ふく　き ふ　　　　　　　　　　　　　わる
　　提案の内容　　　　マイナスの結果＝デメリット
　　ていあん　ないよう　　　　　けっか
・？服を寄付すれば、ブランドのイメージが悪くなるというデメリットがあります。
　　　ふく　き ふ　　　　　　　　　　　　わる

After stating a disadvantage, "〜ば{いい／解決できる}" is used to describe how to solve it (i.e., a solution). The phrase "〜ば" contains the action to be taken to solve the problem.

叙述完缺点后，提出其解决方案时，用"〜ば{いい／解決できる}"。"〜ば"中表示为了解决（某事）而做的动作。

Sau khi nói về điều bất lợi, nếu chúng ta muốn nói về giải pháp về vấn đề đó, chúng ta sử dụng cách nói 「〜ば{いい／解決できる}」. Ở vị trí 「〜ば」 là phương án để giải quyết vấn đề.

・デメリットをなくすためには、「リサイクルする企業だ」と宣伝すればいいと思います。
　　　　　　　　　　　　　　　　　　き ぎょう　　　せんでん　　　　　　おも
・この問題は、「リサイクルする企業だ」と宣伝すれば、解決できます。
　　もんだい　　　　　　　　　　き ぎょう　　せんでん　　　かいけつ

Step 4 発 表
はっ ぴょう

1 発表をしましょう。
はっぴょう

発表のながれ
はっぴょう

1 クラスメートにパワーポイントを見せながら、自分たちが考えた提案
じぶん　　かんが　　ていあん
について発表します。
はっぴょう

2 聞いている人は、発表しているグループの提案のポイントを、下の
はっぴょう　　　　　　　　　ていあん
ワークシートにメモします。

3 発表が終わったら、以下の点についてグループで話し合いをします。
はっぴょう　お　　　　　　いか　てん　　　　　　　　　　　　　　　　あ

・よく聞こえなかったところ、わからなかったところ

・面白いと思ったところ
おもしろ　　　おも

・賛成できる提案、賛成できない提案
さんせい　　　　ていあん　さんせい　　　　　ていあん

賛成する：to agree／賛成／
さんせい
tán thành

4 グループごとに質問をしたり、コメントをしたりします。発表者は質
しつもん　　　　　　　　　　　　　　　　　　　　　はっぴょうしゃ　しつ
問に答えます。
もん　こた

Lesson 6　リサイクルを考えよう

他のグループの提案のポイントをメモしましょう。
ほか　　　　　　　ていあん

（　　　　　　　　　）グループ

（　　　　　　　　　）グループ

ふりかえり

この課の目標をもう一度ふりかえりましょう。できましたか、できませんでしたか。

この課の目標
（か　もくひょう）

日本を知ろう！	◎	○	△
日本人がゴミを減らすために、どのようなことをしているのかを知る			
江戸時代にどのようなリサイクルがあったのかを知る			
今の日本のリサイクルの問題を知る			

日本語を使おう！	◎	○	△
リサイクルに関することばを覚える			
リサイクルについての説明文を読んで理解する			
提案や解決策を言う表現が使えるようになる			
問題を解決する提案を書いて、プレゼンテーションをする			

この課で学べたこと、よくわかったこと

参考文献・WEB サイト・映像資料

[Lesson 1]

影山明仁（2015）『名作マンガの間取り［新版］』SB クリエイティブ

柴田建・菊地成朋・松村秀一・脇山善夫（2001）「高度成長期に開発された郊外戸建て住宅地の変容プロセスに関する研究」『日本建築学会計画系論文集』66 巻 543 号, pp.109-114, 日本建築学会

冷泉彰彦（2014）「『ドラえもん』のアメリカ進出に 30 年かかった理由とは？」『ニューズウィーク日本版』<https://www.newsweekjapan.jp/reizei/2014/05/30.php>

Tamaki Kawasaki（2019）「世界に羽ばたいたドラえもん」『Highlighting JAPAN』vol.129, 内閣府大臣官房政府広報室 <https://www.gov-online.go.jp/eng/publicity/book/hlj/html/201902/201902_07_jp.html>

[Lesson 2]

松竹『歌舞伎公式総合サイト　歌舞伎美人』<https://www.kabuki-bito.jp/>

鈴木国男（2013）「伝統芸能・歌舞伎の未来は大丈夫なのか」『情報・知識＆オピニオン imidas』<https://imidas.jp/jijikaitai/l-40-166-13-03-g139>

日本芸術文化振興会「令和 4 年 7 月 Discover KABUKI―外国人のための歌舞伎鑑賞教室―『紅葉狩』」<https://www.ntj.jac.go.jp/sp/schedule/kokuritsu_l/2022/4715.html>

NHK「クローズアップ現代　歌舞伎新時代 "日本文化" の行方」（2013 年 4 月 2 日放送）

[Lesson 3]

国土交通省総合政策局観光事業課（2008）『多様な食文化・食習慣を有する外国人客への対応マニュアル―外国人のお客様に日本での食事を楽しんでもらうために―』<https://www.mlit.go.jp/common/000059429.pdf>

東京都『EAT 東京―多言語メニュー作成支援ウェブサイト―』<https://www.menu-tokyo.jp/menu/>

みんなのランキング「【人気投票 1～126 位】定番和食メニューランキング！　みんなが好きな和食料理は？」<https://ranking.net/rankings/best-wasyoku-menu>（2021 年 2 月 14 日アクセス）

[Lesson 4]

仙台市市民局交流政策課（2014）『外国人に関する震災記録集』<http://www.city.sendai.jp/koryu/kurashi/anzen/saigaitaisaku/kanren/sakuse/documents/28129hyoushi-urabyoushi-p1-p6_1.pdf>, <http://www.city.sendai.jp/koryu/kurashi/anzen/saigaitaisaku/kanren/sakuse/documents/28229p7-p12_1.pdf>, <http://www.city.sendai.jp/koryu/kurashi/anzen/saigaitaisaku/kanren/sakuse/documents/28329p13-p18_1.pdf>

総務省消防庁「地震に自信を」<https://www.fdma.go.jp/publication/database/jishin2jishin/post17.html>

東京都防災ホームページ「外出時の行動マニュアル（地震発生時）」<https://www.bousai.metro.tokyo.lg.jp/kitaku_portal/1000047/1000541.html>

東京都防災ホームページ「地震発生時の行動から生活再建までのポイント」<https://www.bousai.metro.tokyo.lg.jp/bousai/1000026/1005642.html>

日本赤十字社東京都支部「家庭で減災対策」<https://www.jrc.or.jp/chapter/tokyo/about/topics/2021/1207_022336.html>

NHK アーカイブス「外国人たちの震災体験」<https://www9.nhk.or.jp/archives/311shogen/summary/evi/12/>

[Lesson 5]

国立青少年教育振興機構（2018）『高校生の心と体の健康に関する意識調査報告書—日本・米国・中国・韓国の比較—』<https://www.niye.go.jp/kanri/upload/editor/126/File/report.pdf>

国立青少年教育振興機構（2018）『高校生の心と体の健康に関する意識調査報告書〔概要〕—日本・米国・中国・韓国の比較—』<http://www.niye.go.jp/kanri/upload/editor/126/File/gaiyou.pdf>

文部科学省・国立教育政策研究所（2020）『OECD 国際教員指導環境調査（TALIS）2018 報告書 vol.2 のポイント』<https://www.mext.go.jp/b_menu/toukei/data/Others/__icsFiles/afieldfile/2020/20200323_mxt_kouhou02_1349189_vol2.pdf>

OECD（2019）*TALIS 2018 Results (Volume I): Teachers and School Leaders as Lifelong Learners*, OECD Publishing, Paris <https://doi.org/10.1787/1d0bc92a-en>

OECD（2020）*TALIS 2018 Results (Volume II): Teachers and School Leaders as Valued Professionals*, OECD Publishing, Paris <https://doi.org/10.1787/19cf08df-en>

[Lesson 6]

田中優子（2018）「メルカリで循環する古着　江戸期に通じるリサイクル経済」（2018 年 7 月 16 日記事）

内閣府「環境問題に関する世論調査」（平成 24 年 6 月調査）<https://survey.gov-online.go.jp/h24/h24-kankyou/>

日本経済新聞「アパレルに明暗　成算なき量産の果てに—文化は世につれ(2)—」（2018 年 12 月 8 日記事）

NHK「クローズアップ現代　新品の服を焼却！　売れ残り 14 億点の舞台裏」（2018 年 9 月 13 日放送）

OECD（2015）*Environment at a Glance 2015: OECD Indicators*, OECD Publishing, Paris <https://doi.org/10.1787/9789264235199-en>

※ URL は 2023 年 2 月 2 日アクセス（一部を除く）

謝　辞

　「はじめに」にも記しましたが、本書の土台は、東京外国語大学の「基礎日本語プログラム」の中級前半クラスのために作成したものです。4年間の試用を経て、この度くろしお出版さんから刊行していただけることになりました。4年の間、筆者と同じチームで授業をしてくださった先生方には多くの有益なコメントやフィードバックをいただきました。この場を借りて深く御礼申し上げます。

　Lesson 1 の「アニメから日本の生活を見てみよう」は、2022年に東京外国語大学オープンアカデミーで実施した、短期日本語・日本文化研修プログラム「アニメ・マンガを使って探究しよう」での「ドラえもん」チームの皆さんとのディスカッションが大きなヒントになりました。特に、チームリーダーの米村雪乃さんには議論にお付き合いいただき感謝しています。

　東京外国語大学大学院幸松ゼミの皆さんには、写真の準備などでご協力いただきました。ありがとうございます。

　最後になりますが、企画を持ち込んだ当初から刊行に至るまで、未熟な筆者らを導いてくださったくろしお出版の皆さんにはいくらお礼を申し上げても足りません。編集の金髙浩子さんには、多くの鋭いご指摘、ご助言をいただき、その結果、内容を大きく改善することができました。本書が日の目を見ることができたのは、金髙さんはじめ、編集に携わった皆様の多大なご尽力の賜物です。本書に携わってくださった全ての方に心から感謝を申し上げます。

2023 年 3 月
幸松英恵・渡辺陽子

著者紹介

幸松英恵（ゆきまつ・はなえ）

東京外国語大学大学院国際日本学研究院准教授。東京大学大学院総合文化研究科言語情報科学専攻、博士課程／課程博士（学術）取得。明治大学、東京大学、上智大学などで非常勤講師、学習院大学国際センターPD 共同研究員を経て現職。専門は日本語学、日本語教育。

渡辺陽子（わたなべ・ようこ）

学習院大学国際センター専門嘱託。学習院大学大学院人文科学研究科日本語日本文学専攻、博士前期課程／修士（日本語日本文学）取得。 ベトナム、中国で日本語講師、東海大学非常勤講師、三重大学特任講師を経て現職。専門は日本語教育。

制作協力

● 英語翻訳
　高田裕子

● 中国語翻訳
　林子慧

● ベトナム語翻訳
　Trần Công Danh

● 装丁・本文デザイン
　仁井谷伴子

● 装丁イラスト
　毛利みき

● 本文イラスト
　村山宇希（ぽるか）

● 写真・画像提供
　アフロ
　写真 AC
　ぱくたそ
　ママレードカンパニー（けらえいこ）
　photolibrary

初中級からはじめる日本語プロジェクト・ワーク
しょ ちゅうきゅう　　　　　　　　　　　　　　に ほん ご

2023年 3月25日　　第1刷 発行
2024年 9月30日　　第2刷 発行

[著　者]　　幸松英恵・渡辺陽子
　　　　　　ゆきまつはな え　　わたなべようこ

[発行人]　　岡野秀夫
[発行所]　　株式会社 くろしお出版
　　　　　　〒102-0084　　東京都千代田区二番町4-3
　　　　　　Tel : 03·6261·2867　　Fax : 03·6261·2879
　　　　　　URL : www.9640.jp　　Mail : kurosio@9640.jp

[印　刷]　　藤原印刷株式会社